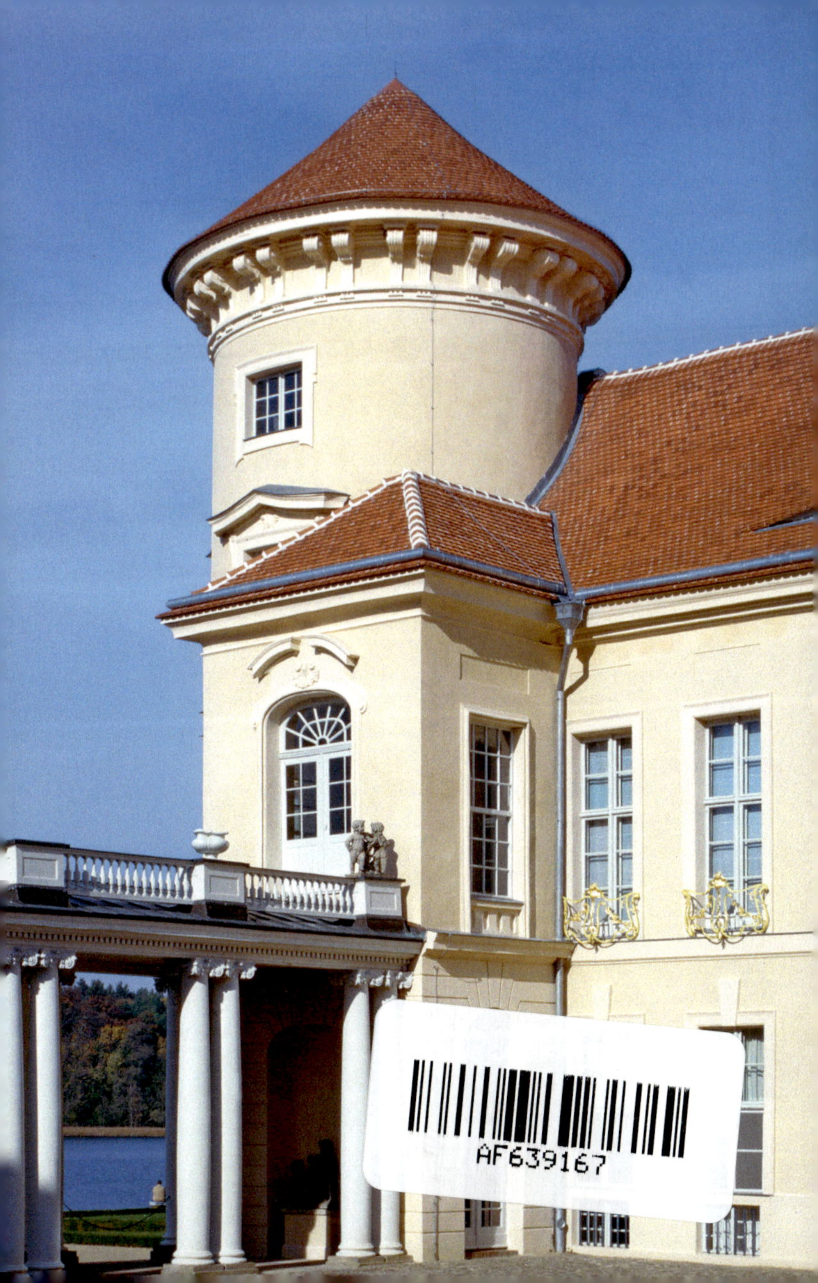

An der Stelle des heutigen Schlosses befand sich bereits im 13. Jahrhundert eine Wasserburg, die als Grenzfeste zum Schutz der nördlichen Mark Brandenburg gegen Mecklenburg diente. Nach mehrmaligem Besitzerwechsel war hier ein Renaissanceschloss entstanden, das König Friedrich Wilhelm I. (1688–1740) im März 1734 als Residenz für seinen ältesten Sohn, den Kronprinzen Friedrich (1712–1786), erwarb.

Nach der Beilegung der jahrelangen Auseinandersetzung zwischen königlichem Vater und Sohn, die ihren Höhepunkt in dem missglückten Fluchtversuch des Kronprinzen und der darauffolgenden Festungshaft in Küstrin fand, sowie der Einwilligung Friedrichs, die Prinzessin Elisabeth Christine von Braunschweig-Bevern zu heiraten, war der Kronprinz 1732 zum Obersten des Infanterieregiments von der Goltz in Neuruppin ernannt worden.

Es ist anzunehmen, dass Friedrich mit seiner Ortskenntnis, die er während seiner Stationierung als Offizier in Neuruppin erwarb, die Auswahl Rheinsbergs als künftige Residenz beeinflusst hat. Nachdem Friedrich Wilhelm I. das Anwesen für seinen Sohn gekauft hatte, beauftragte er den kurmärkischen Baudirektor Johann Gottfried Kemmeter mit den Umbauten. Der Gesamtentwurf beinhaltete die Erweiterung der Renaissanceanlage zu einer Dreiflügelanlage mit abschließenden Rundtürmen und einer verbindenden Kolonnade zur Seeseite. Mit dem Klingenbergflügel – dessen Name auf eine hier vormals angebrachte Schlaguhr zurückgeht – begann der Ausbau. Er beherbergte die kronprinzliche Wohnung. Das neu errichtete Corps de Logis ersetzte das alte Torhaus.

Im August 1736 waren die Arbeiten am Klingenbergflügel so weit fortgeschritten, dass das Kronprinzenpaar von Ruppin nach Rheinsberg übersiedeln konnte. Der gesamte Ausbau zog sich aber noch bis 1740 hin. Die Vollendung des Schlosses durch die Errichtung des Nordflügels mit dem zweiten Turm und

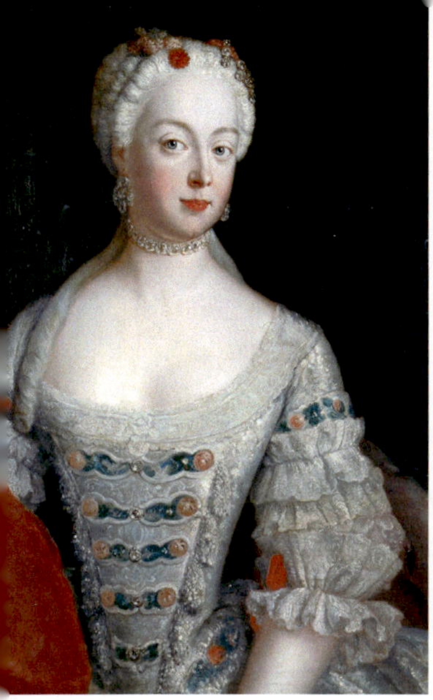 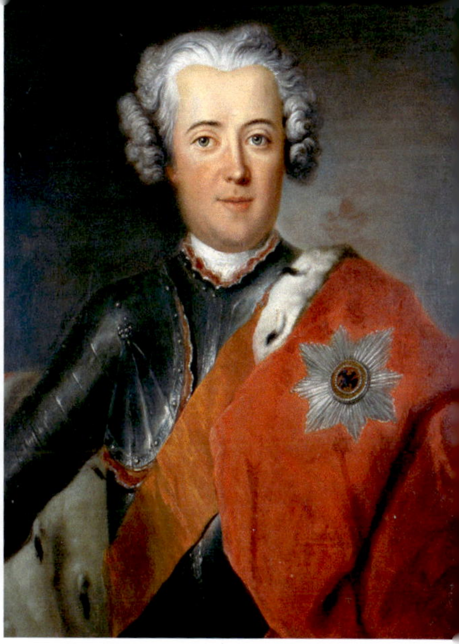

Antoine Pesne, Kronprinzessin Elisabeth Christine, 1738

Antoine Pesne, Kronprinz Friedrich, 1738

der Kolonnade übernahm ab 1737 Georg Wenzeslaus von Knobelsdorff, nachdem er eine vom Kronprinzen geförderte Studienreise durch Italien beendet hatte. Auf die Gesamtkonzeption der Schlossanlage konnte er zu diesem Zeitpunkt keinen Einfluss mehr nehmen. Wesentlich aber waren seine Verbesserungen in der Gestaltung der Fassaden und vor allem die Entwürfe für die Dekoration der Innenräume. In Verbindung mit dem ebenfalls ab 1734 angelegten Schlossgarten, der wie alle späteren friderizianischen Gärten Nutz- und Ziergarten zugleich war, begann in Rheinsberg die Entwicklung des Friderizianischen Rokokos, das nur wenige Jahre später in Charlottenburg und vor allem in Sanssouci seinen künstlerischen Höhepunkt fand.

Die Rheinsberger Jahre des Kronprinzen Friedrich sind in späteren Geschichts- und Literaturdarstellungen oft als Idylle beschrieben worden. Er selbst hat durch überschwängliche Äußerungen in Gedichten

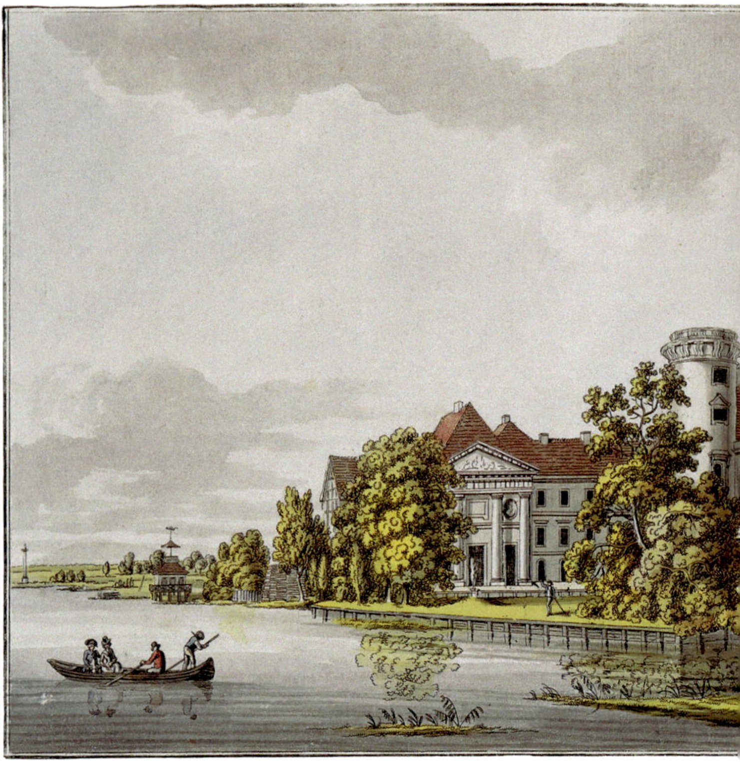

und Briefen »aus Remusberg« Anlass dazu gegeben. Kurz vor seinem Tode bekannte der König, dass er in Rheinsberg seine glücklichsten Jahre verlebt habe. Es war die Zeit eines relativ unabhängigen und freien Lebens, das Gelegenheit bot, persönlichen Neigungen und eigenen Gedanken nachzugehen.

Benjamin Schwarz, Schloss mit Blick auf das Theater des Prinzen Heinrich, um 1790

Die Musik nahm am Rheinsberger Hof einen bedeutenden Platz ein. Die kronprinzliche Kapelle vereinte bereits hervorragende Solisten und Komponisten wie die Gebrüder Graun und Benda. Zeitweilig war auch der Flötenlehrer Friedrichs, Johann Joachim Quantz,

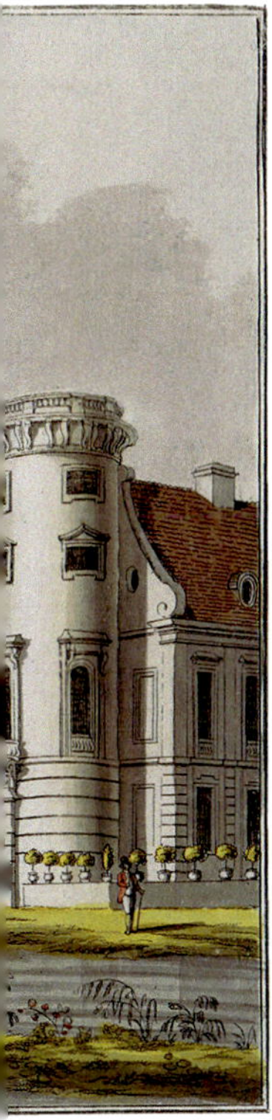

zu Gast. Zum engsten Rheinsberger Freundeskreis des Kronprinzen gehörten nur einige wenige ausgewählte, gebildete und vertraute Personen: sein Sekretär, der französische Prediger Jordan, der Baron de la Motte-Fouqué, der heitere Gesellschafter Freiherr von Keyserlingk, der ehemalige sächsische Gesandte in Berlin von Suhm sowie der Baumeister Baron von Knobelsdorff. Neben den zahlreichen Vergnügungen waren es vor allem intensive Studien der Geschichte, Philosophie, Religion und Politik, die den Kronprinzen in jenen Jahren beschäftigten. Sein Interesse galt im Besonderen antiken Dichtern wie Lukrez, Horaz, Vergil, Seneca und Marc Aurel. Zwei Tage nach dem Einzug in Rheinsberg begann der Briefwechsel mit dem streitbaren französischen Schriftsteller und Philosophen Voltaire, den der Kronprinz schwärmerisch verehrte. Die Beschäftigung mit Politik spiegelt sich hauptsächlich in dem 1739 in Rheinsberg verfassten *Antimachiavell* wider, in dem sich Friedrich mit der Schrift Machiavellis *Il Principe* (Der Fürst, 1552) auseinandersetzte. Der These des Italieners, dem Staate seien alle Mittel zur Erhaltung der Macht erlaubt, setzte er seine eigene Vorstellung vom Herrscher als »ersten Diener des Staates« entgegen.

Nach seiner Thronbesteigung 1740 und seiner Entscheidung, Potsdam zur Sommerresidenz auszubauen, schenkte er im Juni 1744 das Rheinsberger Anwesen seinem Bruder Heinrich (1726–1802). Der im Charakter, aber auch in den militärischen, philosophischen und musischen Neigungen dem König sehr ähnliche Heinrich konnte sich als »Prinz von Geblüt« zeitlebens nur schwer an seine untergeordnete Rolle in der Hierarchie des Königshauses gewöhnen. Zunächst war es die als unerträglich empfundene Bevormundung durch Friedrich II., der seit 1740 an Vaterstelle die Erziehung der wesentlich jüngeren Brüder übernommen hatte. Später waren es vor allem die heftigen Auseinandersetzungen in militärischen Fragen, die während der Kriege jener Jahre das Verhältnis zwischen König und Prinz beeinträchtigten. Friedrich der Große schätzte jedoch das außergewöhnliche diplomatische und militärische Geschick seines Bruders. Kaum ein anderer preußischer Prinz ist bei seinen Besuchen an europäischen Fürstenhöfen mit so großen Ehren empfangen und überhäuft worden wie Heinrich. Nur durch den Einspruch Friedrichs blieb dem Prinzen Heinrich zweimal die Annahme der polnischen Königskrone verwehrt. Die ihm angetragene Regentschaft beziehungsweise Statthalterschaft in den Vereinigten Staaten von Amerika hat er selbst abgelehnt. Ohne eigene Hofhaltung, die einem preußischen Prinzen erst nach seiner Vermählung zustand, durfte Heinrich zunächst noch nicht ständig in Rheinsberg wohnen. Doch schon als neuer Schlossherr empfing er im Juli 1746 seinen königlichen Bruder, seine Mutter, Sophie Dorothea, und seine Schwester, Prinzessin Amalie, zu einem kurzen Aufenthalt in Rheinsberg. Für Friedrich II. war dies der letzte Besuch in seiner ehemaligen Kronprinzenresidenz.

Erst die von Friedrich gewünschte Hochzeit Heinrichs mit der Prinzessin Wilhelmine von Hessen-Kassel 1752 gestattete dem Prinzen eine relative Unabhängigkeit und erlaubte ihm, auch in Rheinsberg zu wohnen. In den nun folgenden fünf Jahrzehnten seines Lebens war Rheinsberg bevorzugter Aufenthaltsort Heinrichs. Für längere Zeit wurde seine Anwesenheit in Rheinsberg nur durch die Teilnahme an kriegerischen Auseinandersetzungen und durch ausgedehnte Reisen nach Schweden, Russland und Frankreich unterbrochen.

Die Liebe zur französischen Kultur und Lebensweise teilte der Prinz mit seinem königlichen Bruder, ebenso wie die zur Bau- und Gartenkunst, zur Literatur, zur Musik und zum Theater. Im westlichen Seitenflügel, der im Ursprung auf ein von Knobelsdorff

Corps de Logis mit Skulpturen von Friedrich Christian Glume auf der Attika

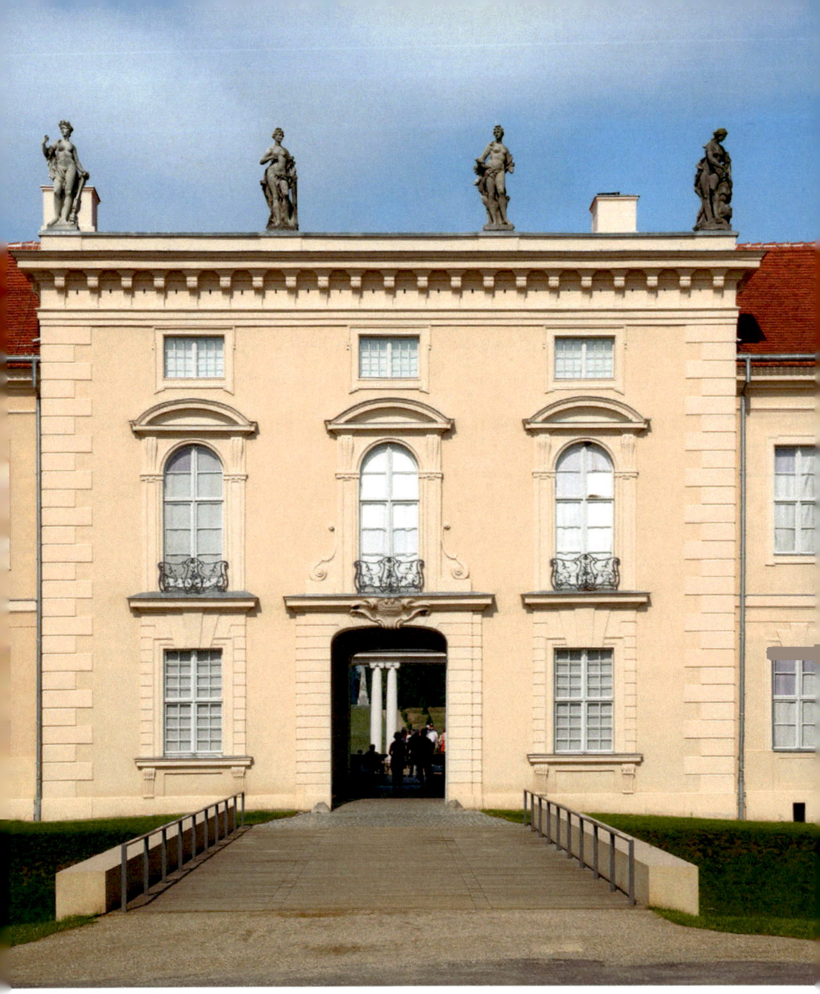

errichtetes Domestiken- und später als Kavaliershaus genutztes Gebäude zurückgeht, wurde 1774 unter Leitung des Bauintendanten Carl Wilhelm Hennert ein neues Schlosstheater mit einer bemerkenswerten frühklassizistischen Ausstattung erbaut. Die zwei- bis dreimal wöchentlich stattfindenden Opern- und

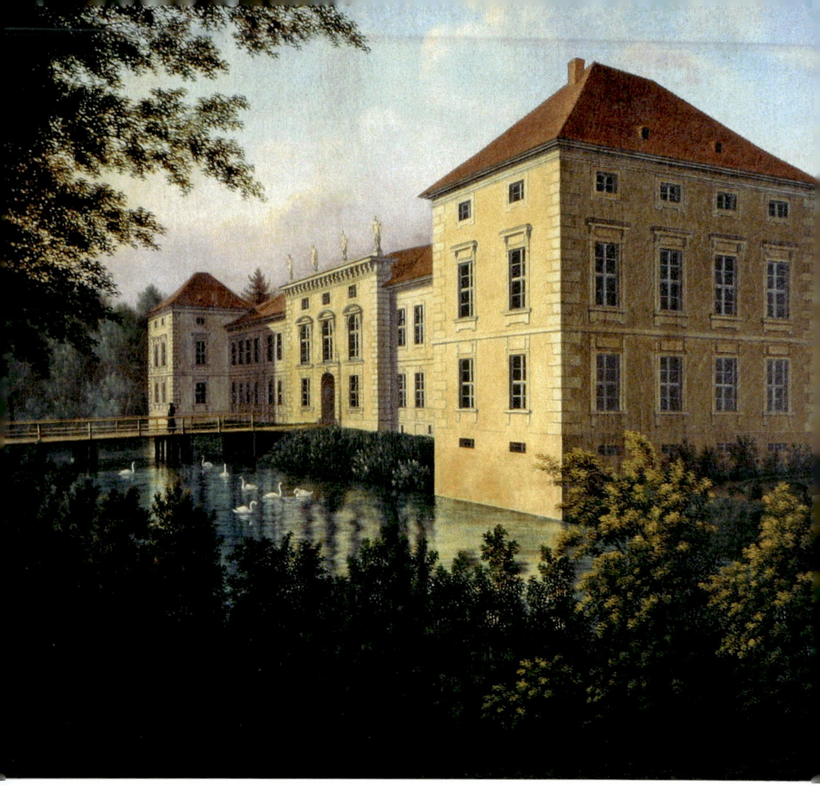

Wilhelm Barth, Schloss Rheinsberg, um 1841/42

Schauspielaufführungen zogen sogar das Publikum aus Berlin nach Rheinsberg. Seinen guten Ruf hatte das Theater vor allem der ausgewählten prinzlichen Kapelle und den bekannten, meist französischen Schauspielern zu verdanken.

Nach 1789 gewährte Prinz Heinrich zahlreichen französischen Emigranten, die vor den politischen Ereignissen aus ihrer Heimat geflohen waren, an seinem Hof Asyl. Obwohl sie maßgeblich das Leben in Rheinsberg beeinflussten, widersetzte sich Heinrich vehement ihrem Versuch, die preußische Regierung zu einer Interventionspolitik gegen das revolutionäre Frankreich zu bewegen.

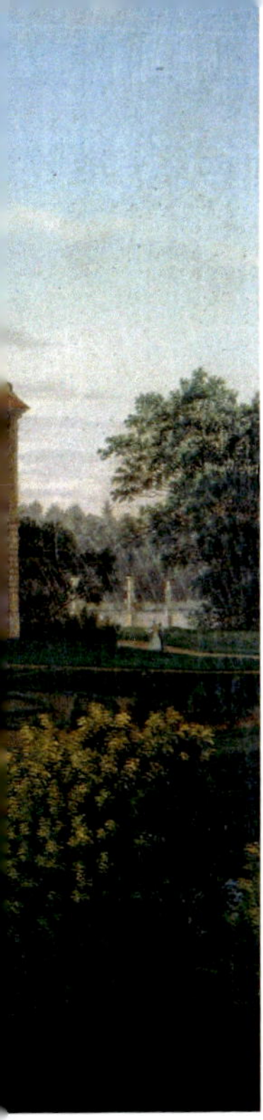

Das Schlossgebäude blieb im Äußeren weitestgehend in der von Knobelsdorff vollendeten Form erhalten. Erst mit dem Anbau zweier Eckpavillons 1785/86 wurde die ausgewogene Gesamtwirkung der Architektur beeinträchtigt. Nach dem Tode des Prinzen Heinrich 1802 erhielten die beiden Türme die heutigen Kegeldächer.

Um so gravierender waren die Veränderungen in den Innenräumen, durch die zum Teil Grundrisse und Ausstattungen völlig neu geschaffen wurden. Die Dekorationen aus der Kronprinzenzeit Friedrichs blieben nur in fünf Räumen erhalten. Die von Prinz Heinrich vor allem nach 1763 veranlassten Veränderungen und Erweiterungen prägen noch heute das Erscheinungsbild der Schloss- und Parkanlage. Während eines Aufenthaltes des jungen Breslauer Architekten Carl Gotthard Langhans 1766 in Rheinsberg entstand eine Reihe von Entwurfzeichnungen zur Umgestaltung der Wohnung der Prinzessin Wilhelmine – die später nach einem Bruder Heinrichs Ferdinandswohnung genannt wurde – sowie zur Neugestaltung des Treppenhauses und des Muschelsaals, in dem bereits deutlich Elemente des Zopfstiles vorherrschen. In den folgenden Jahren wurde vor allem an der Ausgestaltung einer Sommerwohnung für den Prinzen im Erdgeschoss des Klingenbergflügels und im Corps de Logis gearbeitet.

Einen letzten Höhepunkt der Innenraumkunst erlebte Rheinsberg nach 1786 mit der frühklassizistischen Ausstattung des Schlafzimmers des Prinzen, der Langen Kammer sowie der Bibliothek. Neben der Erweiterung und Ausschmückung des Gartens und Parks, und der Schaffung eines großen, die Landschaft erschließenden Alleensystems war auch die weitere Ausgestaltung der Stadt, vor allem ihrer drei öffentlichen Plätze, Bestandteil des umfangreichen Gestaltungskonzepts für die Residenz des Prinzen Heinrich.

Am 3. August 1802 verstarb Prinz Heinrich und wurde in der Grabpyramide beigesetzt. Sein Bruder Ferdinand erhielt Rheinsberg. Der umfangreiche Kunstbesitz des Verstorbenen wurde auf mehreren öffentlichen Auktionen zu großen Teilen versteigert. Nach dem Tode Ferdinands erbte 1813 dessen Sohn Prinz August die Schlossanlage, die zeitweilig von dessen Frau Auguste von Prillwitz bewohnt wurde. Mit dem Tode Augusts fiel das Rheinsberger Anwesen 1843 als Fideikommissbesitz dem preußischen Königshaus zu und wurde bis 1945 von der Hofkammer verwaltet.

Seit Mitte des 19. Jahrhunderts lenkten Literaten und Künstler wie beispielsweise Theodor Fontane, Adolph Menzel, Andrew Hamilton und Kurt Tucholsky immer mehr die Aufmerksamkeit des einsetzenden Fremdenverkehrs auf den Ort. Ab 1945 war das Schloss nicht mehr als Museum zugänglich. Nach verschiedenen Zwischennutzungen wurde 1950 im Schloss und seinen Nebengebäuden ein Sanatorium eingerichtet. Am 1. April 1991 übernahm die Stiftung Staatliche Schlösser und Gärten Potsdam-Sanssouci, eine Vorgängerin der heutigen Stiftung Preußische Schlösser und Gärten Berlin-Brandenburg, die Schlossanlage und eröffnete bereits wenige Wochen später am 6. Mai das Museumsschloss. 1993 übernahm die Stiftung auch den Garten.

Gleichfalls konnte die Galerie für zeitgenössische Kunst und ein Jahr später die Kurt Tucholsky Gedenkstätte (inzwischen Literaturmuseum) im Souterrain im Nordflügel des Schlosses (die ehemalige Kastellanswohnung) für die Besucher erschlossen werden.

Die 1991 begonnenen umfangreichen Maßnahmen zur baulichen Wiederherstellung des Schlosses und zur Restaurierung seiner Interieurs werden auch in den folgenden Jahren kontinuierlich fortgesetzt.

Kronprinz Friedrich ließ das Rheinsberger Schloss zu einer Dreiflügelanlage ausbauen, die sich auf der stadtabgewandten Seite durch den Ehrenhof zum Grienericksee – also zur Landschaft – öffnet, ähnlich wie auch später in Sanssouci. Die Hauptallee beginnt – ebenfalls wie in Sanssouci – mit einem Gartenportal, flankiert von Flora und Pomona von Friedrich Christian Glume, und führt über ein vertieftes Orangerieparterre auf den Mittelrisalit des südlichen Seitenflügels. Beidseitig dieser Allee entstanden Heckenquartiere für Obst und Irrgärten. Von hier aus im rechten Winkel führt die lange Querallee über einen ehemaligen Kanal zu einem, ehemals als Orangerie konzipierten Gartensalon. Nördlich zum See hin ließ Friedrich Boskettträume mit geraden Wegen anlegen, die zu platzartigen Kabinetten leiten. Südlich entstanden wieder Nutzbereiche.

Das friderizianische Frühwerk in Rheinsberg zeigt deutlich Merkmale des Rokoko, ein Streben nach Intimität und überraschendem Wechsel der Eindrücke. Lust- und Nutzgärtnerei wurden miteinander verbunden. Die Gartenanlagen reihen sich in kleinen

Heckentheater im Schlosspark

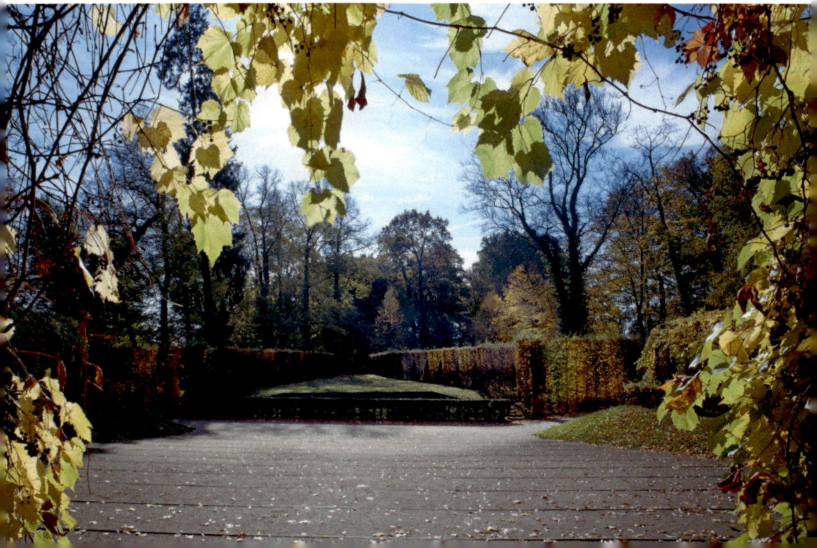

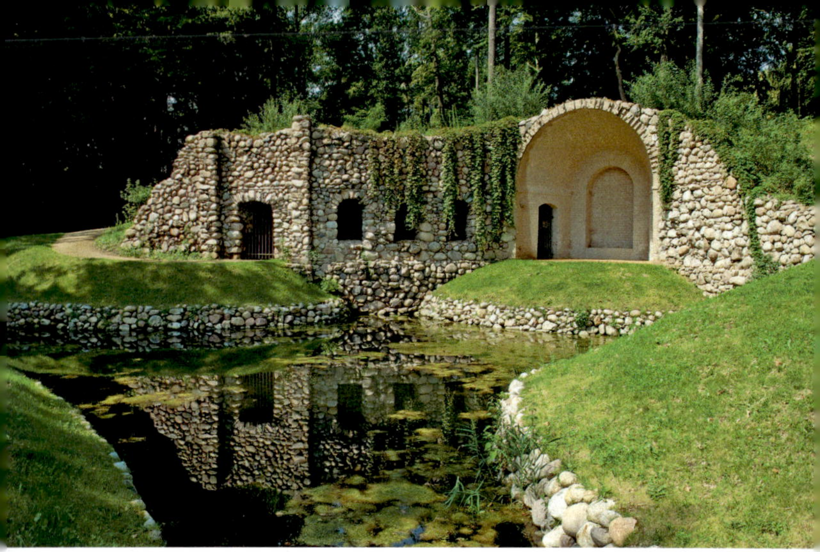

Räumen nebeneinander entlang der Ufer, erschließen sich zu mehreren Seiten des Schlosses und führen ein Eigenleben. Die Landschaft wurde als Bild in die Gartenkunst einbezogen. Friedrich suchte in Rheinsberg die Welt der *Fête galantes* und das Landleben, dass ihm »tausendmahl mehr zu[sagte] als das Stadt- und Hofleben«.

Egeriagrotte

1752 begann Prinz Heinrich die Gärten nach Westen zu erweitern, ließ – analog der Grotten in Sanssouci – 1753 die Feldsteingrotte errichten, außerdem ein Chinesisches Haus und ein Heckentheater. In den aufgekauften Grundstücken des Boberow-Waldes entwickelte er ein sternförmiges Alleesystem und errichtete dort ein Treillagekabinett. Viele dieser Architekturen gingen nach seinem Tode 1802 verloren. Waldpfade durch die sogenannte Boberow-Kabeln und den Boberow-Park erinnern jedoch heute noch an ehemalige Staffagen wie das Grab des Vergil, Freundschaftstempel, Meierei, Rousseau-Monument oder Tannenhaus. Briefe Heinrichs bezeugen, dass hier »zauberthaft« bis tief in die Nacht getanzt wurde.

Grabpyramide des Prinzen Heinrich

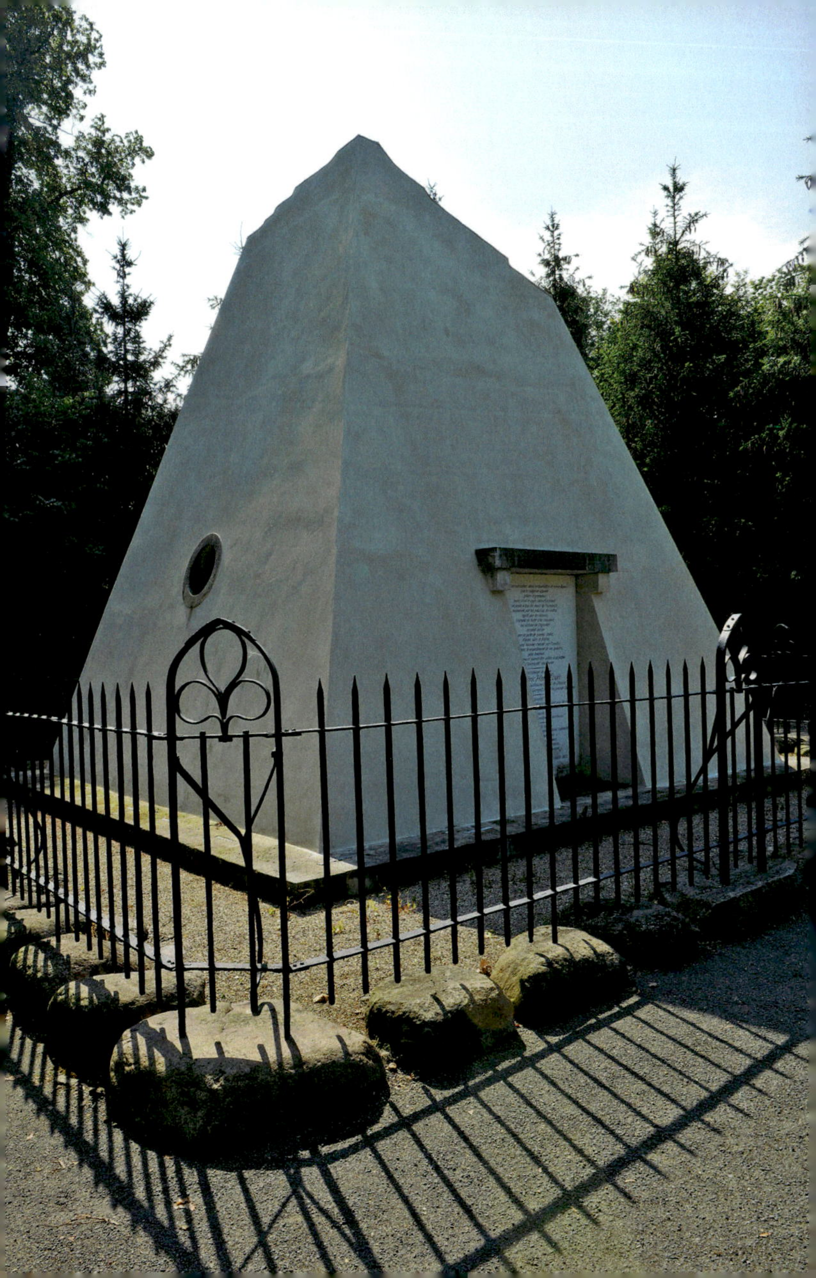

1763, nach dem 7-jährigen Krieg, folgten weitere Verschönerungsprojekte in den Rheinsberger Gärten. So ließ Heinrich als Blickfang vom Schloss gegenüber den inzwischen aufgeschütteten Terrassen am Seeufer für die Kriegshelden anstelle des 1791 errichteten Obelisken zunächst eine gemalte Trajanssäule aufstellen. Weiter nördlich entstanden – verbunden durch gekrümmte oder geschlängelte Wege – Küchengärten im Sinne einer verspielt-geschmückten Landwirtschaft und am Ufer eine Meierei mit gemaltem Concordiatempel, an die heute noch Ruinen erinnern. 1764 bestellte Prinz Heinrich kostbare Marmorskulpturen in Italien, um auch die Schlossinsel mit ihren großen Blumenkörben auszugestalten. Nach der französischen Revolution entstanden der Freundschaftstempel und Erinnerungsmäler mit sentimentalen Inschriften, die Egeriagrotte als Endpunkt der großen Querallee und schließlich sein eigenes Grabmal in Form einer Pyramide.

Die Gestaltungen Heinrichs kündigten bereits neue Ideale an, so führen die Wege zwar noch regellos und unübersichtlich durch die Anlagen, jedoch bewegt nach der Hogarthschen »Wellenlinie der Schönheit«. Trotzdem dominieren die Merkmale des Rokoko als Abwandlungen des barocken Formapparates. Der Gestaltungswille offenbart sich in damals frei wachsenden Baumkronen hinter regelmäßigen Heckenwänden oder in der Nutzung grüner Haine, Gängen wie auch Lauben, Zelten und Hütten. Die Rheinsberger Gärten stellen ein bedeutendes, frühes wie auch reifes Zeugnis des Rokoko in Deutschland dar, in denen sich noch heute das damalige Verhältnis zur Natur nachempfinden lässt; durch die Vorliebe für die Darstellung antiker Götter und der Musen einerseits, und durch die Nutzung für Schäferspiele, heimliche Feste und Verspieltheit andererseits. Die kleinteiligen Gärten waren und sind Erlebnisräume von Exotik, Leichtigkeit und Zierlichkeit.

Der Besucherempfangsbereich mit Museumsshop befindet sich im ehemaligen Marstall gegenüber dem Schloss und im Erdgeschoss des Corps de Logis nördlich der Durchfahrt (**Räume 64, 65**). Die Schlossräume gehörten ursprünglich zu Wohnungen von Hofdamen.

Als Besucheraufgang in die Schlossräume dient in der Hauptsaison das nördliche Nebentreppenhaus (**Raum 5**). Der in Stuckmarmor ausgeführte Bereich des Obergeschosses war Teil des Übergangs von der kronprinzlichen Wohnung im gegenüberliegenden Klingenbergflügel über die Kolonnade in den Großen Saal.

OBERGESCHOSS

Der **Spiegelsaal** (**Raum 3**), mit der Vorkammer und dem Bacchuskabinett, die in ihrer Ausstattung weitestgehend erhaltenen sind, zählen zu den frühesten Zeugnissen einer friderizianischen Innenraumgestaltung. Sie wurden unter der Bauleitung von Georg Wenzeslaus von Knobelsdorff 1739/40 gefertigt.

Der die ganze Breite des Flügels einnehmende Saal erhält seine lichtdurchflutete Raumwirkung durch die Anordnung der Fenster an den Längsseiten und an der westlichen Stirnwand. Die vielfache Brechung des Lichtes auch auf der Wasseroberfläche des Grienericksees erfährt ihre Steigerung durch die verspiegelten Fensterpfeiler und die beiden Trumeaux (Pfeilerspiegel) der Kaminachsen, deren vergoldete Rahmen nicht erhalten sind. Die mit lichtem Stuckmarmor verkleideten Wände mit der korinthischen Pilastergliederung an den Stirnwänden und den vergoldeten Dekorationen unterstützen diese stimmungsvolle Wirkung. Die rosa gefasste Voute mit vergoldeten Stuckornamenten rahmt die sich als Himmelsgewölbe öffnende Decke. Sie ist in den

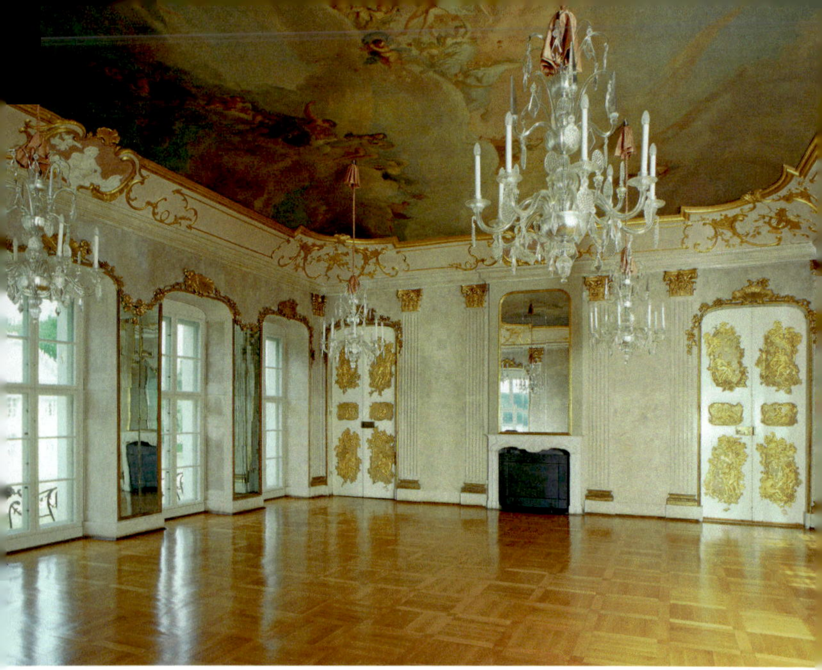

Ecken mit Musikemblemen verziert, während die weißen Puttenreliefs in den Mittelfeldern Allegorien der vier Jahreszeiten darstellen. Das 1740 vom Maler Antoine Pesne signierte Deckengemälde mit Blumenmalereien von Augustin Dubuisson *Der Tag vertreibt die Finsternis* wurde wiederholt als Allegorie auf den bevorstehenden Regierungsantritt Friedrichs (II.) verstanden.

Spiegelsaal

Die Türen mit vergoldeten Reliefs (vermutlich von Johann Carl Scheffler ausgeführt) zeigen Szenen aus den Metamorphosen Ovids und sind ein deutlicher Verweis auf die dem Saal zugedachte Nutzung als Konzertraum: Kraft der Musik wandelt sich der Mensch.

Das **Turm- oder Bacchuskabinett** (**Raum 4**) behielt mit dem Deckengemälde von Antoine Pesne *Ganymed wird von Hebe im Olymp empfangen*, mit den Wänden

Vorkammer

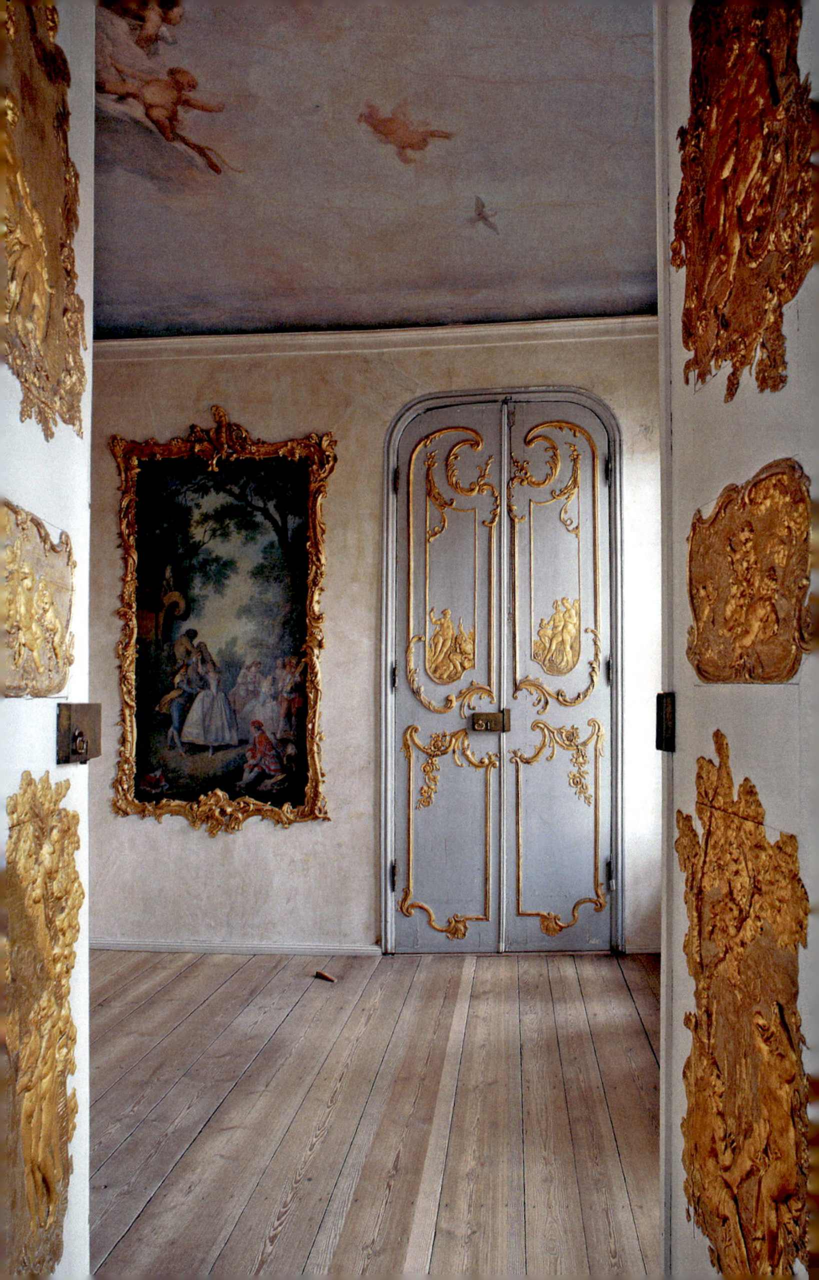

aus weißem Stuckmarmor, die mit geschnitzten und vergoldeten Ornamenten mit Weinlaub und Götterattributen über Tür und Fensternischen ausgeschmückt sind, sowie mit dem für das kronprinzliche Rheinsberg typischen Dielenfußboden seine Ausgestaltung von 1739/40. Der Kamin aus grauem Marmor wurde nach 1945 entfernt, Fragmente davon aber nach 2002 wieder angebracht. An der Stelle des verschollenen Trumeau hängt ein Porträt des Kronprinzen Friedrich von Georg Wenzeslaus von Knobelsdorff (um 1735).

Die **Vorkammer** (**Raum 2**) mit ihrer ebenfalls erhaltenen friderizianischen Ausstattung (1739/40) war das Entree für den Großen Saal. Die Gestaltung zielte auf eine stimmungsvolle Hinlenkung der Hofgesellschaft in den nachfolgenden Festsaal. So stellt Antoine Pesne im Deckenbild »die Liebesgötter vor, welche die Tauben an den Wagen der Venus spannen wollen«. Die beiden wandfesten Gemälde mit vergoldeten Schnitzrahmen *Konzert im Freien* und *Tanz im Freien* (von einem unbekannten Künstler in Watteau-Nachfolge) unterstreichen diese beabsichtigte Wirkung. Auch an den Türen befinden sich bereits Szenen aus den Metamorphosen Ovids.

Wohnung der Prinzessin Amalie
(Räume 6 bis 8)

1756 ließ Prinz Heinrich die ursprünglich von den Hofdamen der Kronprinzessin genutzten Räume umbauen und für einen Besuch seiner Schwester Prinzessin Amalie 1762 neu ausstatten.

Die damastene Wandbespannung der **Roten Kammer** (**Raum 6**) ist 1985 in friderizianischem Spitzenbandmuster erneuert worden. Die vergoldete Stuckrosette wurde Ende des 18. Jahrhunderts durch einen Lorbeerkranz ergänzt. Er verweist auf die dem Raum

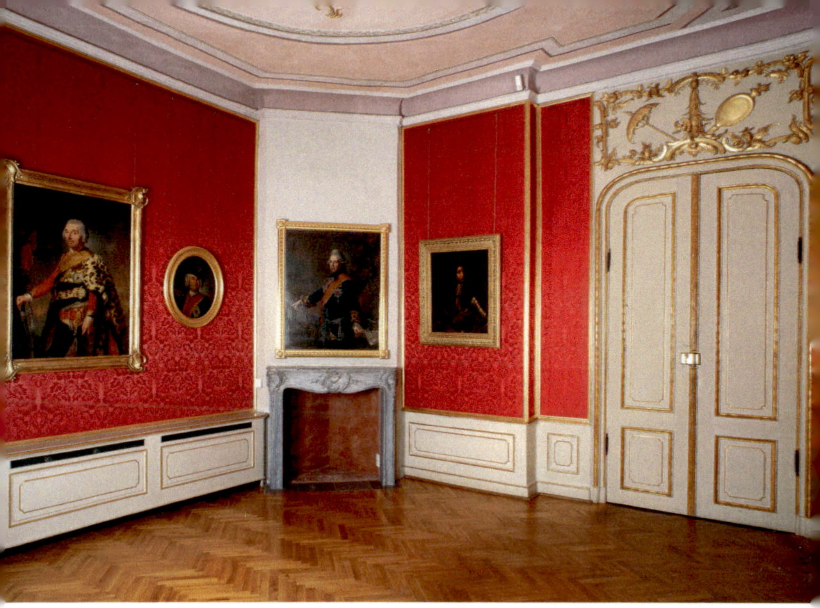

Amalienwohnung, Rote Kammer mit Feldherrengalerie

später zugedachte Funktion als Memorialstätte für preußische und französische Feldherren, die Heinrich verehrte.

Ergänzt wird heute die Galerie, die ursprünglich aus acht Feldherrenporträts bestand, durch ein Gemälde von Johann Heinrich Tischbein d. Ä. (1769), das Prinz Heinrich als Sieger der Schlacht von Freiberg darstellt.

Den Hauptschmuck des ganz im chinoisen Geschmack ausgestalteten **Lackkabinetts** (**Raum 7**) bilden die vier Teile eines ostasiatischen Wandschirmes in Rotlacktechnik, die hinter Glas in die Boiserie eingelassen wurden und sich an ihrem ursprünglichen Platz erhalten haben. Zur Originalausstattung gehören die Decke mit vergoldeter Stuckrosette, die Supraporten (Türbekrönungen) und Türen mit den vergoldeten Schnitzereien, die beiden Trumeaux und das Tafelparkett. Ursprünglich befanden sich im Kabinett 30 Wandkonsolen mit ostasiatischem Porzellan.

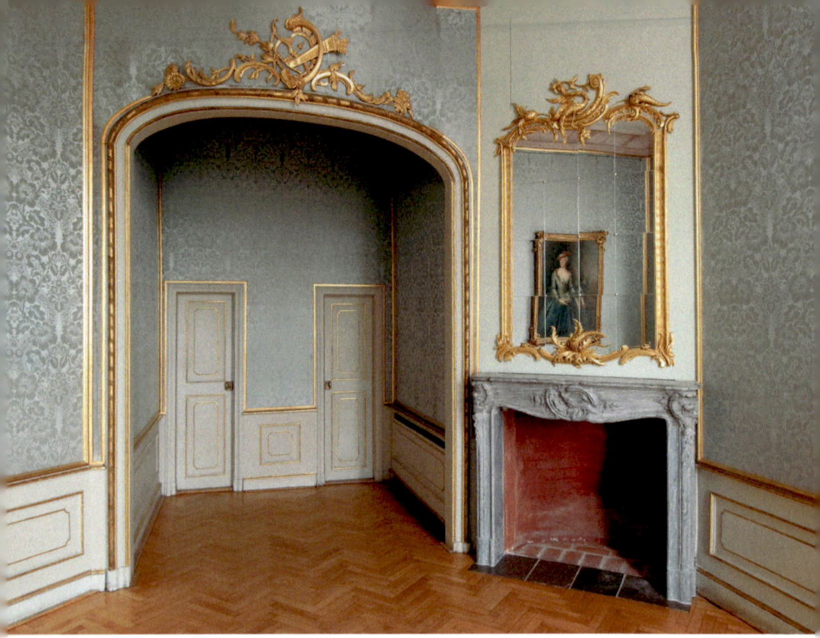

Am Ende der Raumflucht befindet sich die **Schlafkammer** (**Raum 8**) mit dem Alkoven, wo das im Inventar von 1802 erwähnte Gardinenbett stand.
Das ebenfalls dort genannte Gemälde »Kniestück, die Königin von Schweden Ulrica Louise« (Schwester Friedrichs II.) hängt seit 1991 wieder in der seit 1985 aufwendig wiederhergestellten Schlafkammer (Antoine Pesne, *Prinzessin Luise Ulrike von Preußen als Schäferin*, 1738).

Amalienwohnung, Schlafkammer

Nordpavillon/Wohnung der Marquise de Sabran
(Räume 10 bis 15)

Während seiner Aufenthalte in Paris lernte Prinz Heinrich die Marquise de Sabran kennen. Als Emigrantin lebte sie 1791 bis 1797 am Rheinsberger

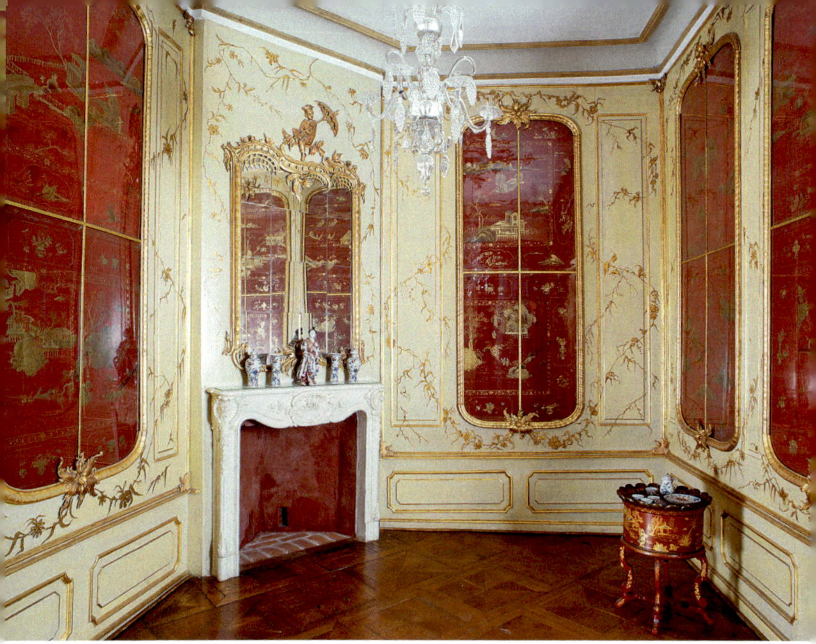

Amalienwohnung, Lackkabinett

Hof und bewohnte die Beletage des stadtseitigen Pavillons. Der jetzige Zustand geht jedoch auf eine Neuerrichtung durch Karl Friedrich Schinkel zurück, die 1825/26 notwendig wurde, da der erst 1786 angefügte Pavillon auf unzureichendem Fundament gebaut worden war. Die Räume zeigen im Wesentlichen noch die ihnen zugedachte Ausgestaltung aus dem 19. Jahrhundert. Fragmente der historischen Papiertapeten sind unter den neutral gestrichenen Wänden erhalten. Die Räume werden für die Darstellung der Schlossgeschichte genutzt.

Wohnung des Prinzen Ferdinand
(Räume 20 bis 25)

Anstelle der bis 1740 eingerichteten Hofdamenzimmer wurde 1767 vermutlich nach Bauentwürfen von

Carl Gotthard Langhans ein Apartment für die Gemahlin des Prinzen Heinrich eingerichtet, das jedoch später durch Prinz Ferdinand genutzt wurde.

Im ehemaligen **Hofdamenzimmer** (**Raum 20/21**) sind noch Fragmente der Wandgestaltung vor 1740 aufgefunden und konserviert worden. Die Decke mit Profil, Gesims und Voute, das gemalte Paneel, Marmorierungen an den Wänden, Fenster sowie Dielung stammen noch aus der Erbauungszeit unter Kronprinz Friedrich.

Angelehnt an eine ursprüngliche Ausstattung mit Familienporträts wird heute eine Serie von Porträts der Geschwister Friedrichs II. von Thomas Huber (1740) gezeigt.

In der **Schlafkammer** (**Raum 22**) haben sich aus der Zeit nach 1767 die Wandtäfelung mit gemaltem Rautenmuster auf silbernem Grund, der versilberte Deckenstuck und der Marmorkamin erhalten. Im Zuge einer umfassenden Restaurierung (bis 2005) konnte ein vollständiger Raumeindruck wiedergewonnen werden.

Neben einem Bett »mit Thronhimmel« wurde auch eine Bergère im Inventar von 1802 erwähnt. Der jetzt zur Ausstattung gehörende Lehnsessel stammt aus dem Potsdamer Stadtschloss (um 1765).

Bis auf die beiden Supraporten mit Blumenstillleben von Augustin Dubuisson ist die sonstige raumfeste Ausstattung im **Kabinett** (**Raum 23**) mit den gemalten Blumenranken auf der Wandtäfelung sowie der Decke mit Stuckornamenten bewahrt. Von neun Wandkonsolen, auf denen Specksteinfiguren standen, haben sich vier erhalten.

Das **Audienzzimmer** (**Raum 24**) entstand 1767 durch Zusammenlegung zweier vormaliger Hofdamenzimmer. Die Decke schmückt ein vergoldeter und farbig gefasster Deckenstuck, der auf die mit dunkelblauem Damast tapezierten Wände (Rekonstruktion 2002) abgestimmt war.

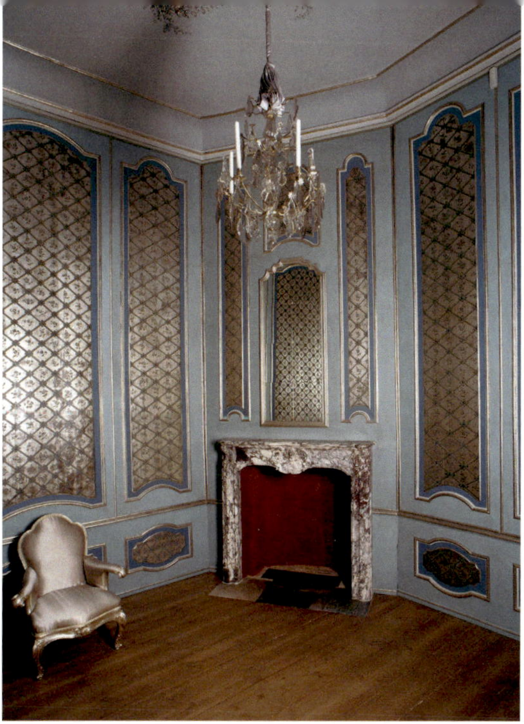

Ferdinandswohnung, Schlafkammer

Prinz Heinrich erhielt 1776 auf seiner zweiten Reise nach Russland als Geschenk der russischen Kaiserin Katharina II. fünf Petersburger Gobelins der Serie *Porte des Fleurs*, die er hier nach 1778 als Wanddekoration integrierte. Die Bildteppiche mussten umgeschlagen werden, um sie in den Wandfeldern anbringen zu können, wo sie mit den geschnitzten und vergoldeten Tapetenleisten eingefasst wurden. Bis auf zwei verschollene Gobelins sind sie als Leihgabe SKH Georg Friedrich Prinz von Preußen 2002 zurückgekehrt.

Anstelle des vierläufigen **Treppenhauses** (**Raum 27**) aus der Kronprinzenzeit Friedrichs errichtete der Bauintendant Carl Wilhelm Hennert 1769 nach einem Entwurf des Architekten Carl Gotthard Langhans das

S. 24/25: Corps de Logis mit Pavillons

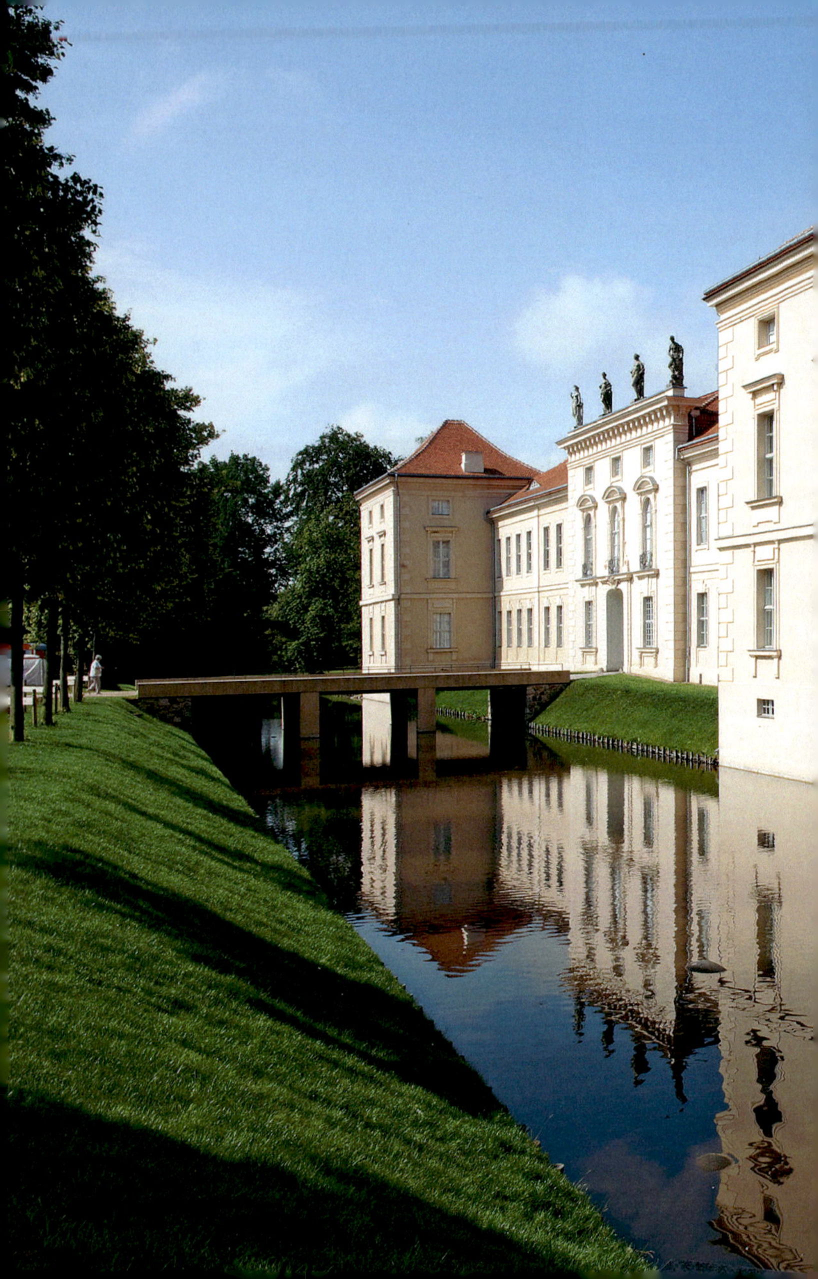

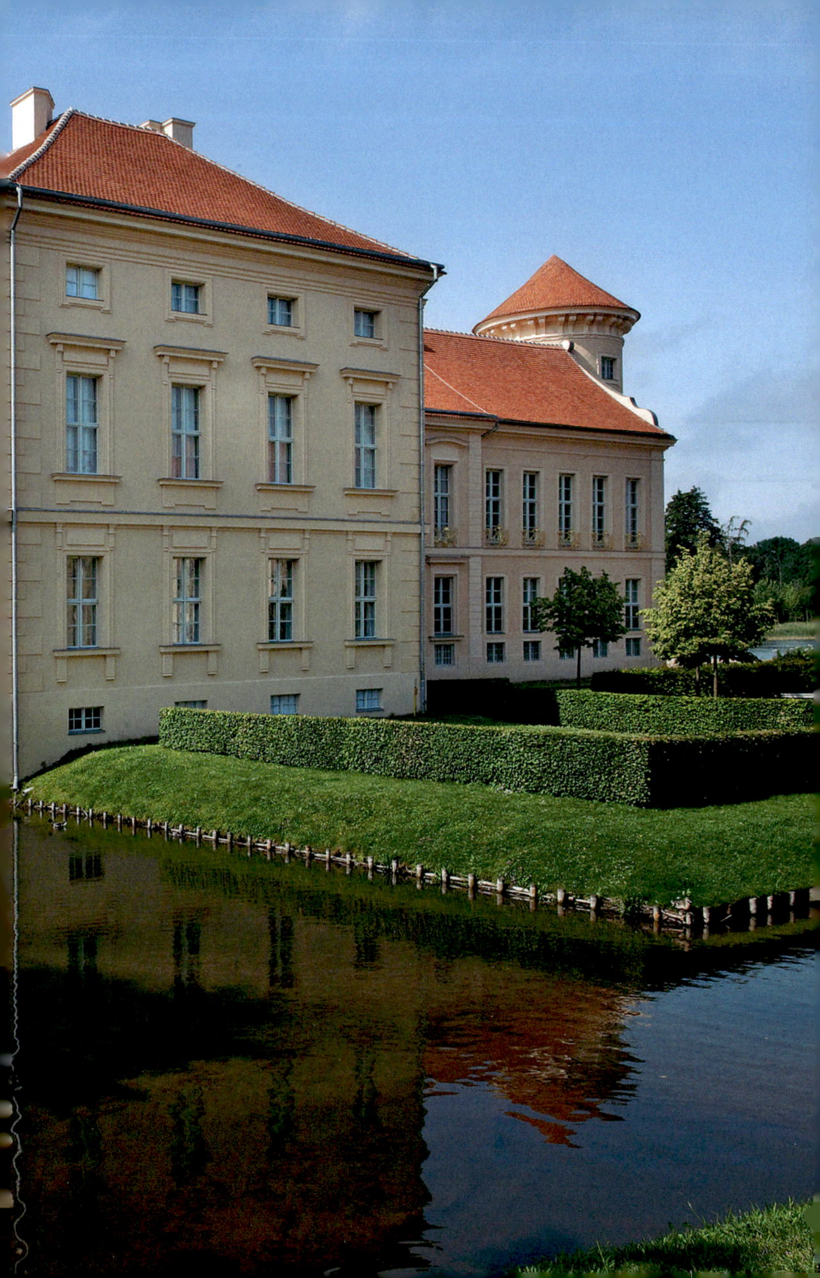

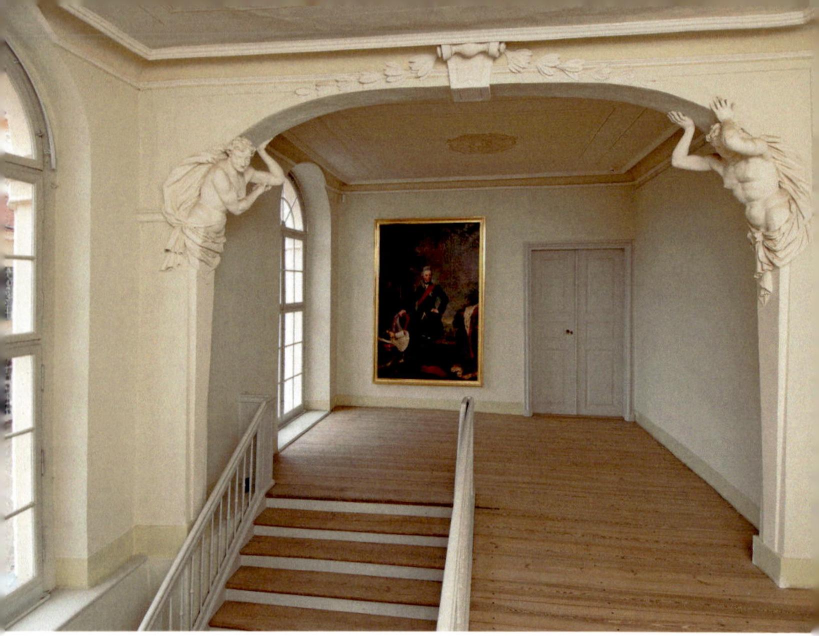

im Obergeschoss um eine Fensterachse erweiterte repräsentative zweiläufige Treppenhaus. Die abgebrochene Wand zum Nebenraum wurde durch einen von Atlanten getragenen Gurtbogen ersetzt. Illusionistisch gemalte ionische Pilaster, rechteckige Füllungen und Supraporten in Form eines Lorbeerkranzes bestimmten den klassizistischen Charakter des neuen Treppenhauses. Über dem Treppenlauf und dem Flur befanden sich zwei Deckengemälde mit Allegorien der Jagd und des Fischfangs von Friedrich Reclam, die im Zuge einer Neugestaltung Anfang des 19. Jahrhundert abgenommen wurden. Da auch das ursprüngliche Treppengeländer mit Gitterwerk und bronzierten getriebenen Girlanden durch das noch heute erhaltene Holzgeländer ersetzt wurde, zielte die Restaurierung auf die Bewahrung der jetzt sichtbaren Raumfassung mit den gemalten Profilen und Mittelrosetten an den Decken sowie den monochro-

Haupttreppenhaus mit Porträt des Prinzen Heinrich von Anna Dorothea Therbusch, um 1773

men Wand- und Türanstrichen aus dem frühen 19. Jahrhundert. Nur im Bereich des Erdgeschosses und des Zwischenpodestes sind Fragmente der freigelegten bauzeitlichen Wandfassungen sichtbar belassen worden.

Wohnung des Prinzen Heinrich
(Räume 28 bis 43)

Der in seiner ursprünglichen Ausstattung (um 1737/40) erhaltene **Vor- oder Rittersaal** (**Raum 28**) diente als Vestibül zur Wohnung der Kronprinzessin Elisabeth Christine. Im Zuge der 2004 begonnenen Restaurierung ist die Farbigkeit mit hellblau und rosa marmorierten Tönen aus der Kronprinzenzeit Friedrichs auf den Wandverkleidungen und den Türen wiederentdeckt worden. Das Deckenbild *Mars und Venus* von Antoine Pesne bestimmt die thematische Gestaltung des Saals. Die Reliefmedaillons über den Türen zeigen Hannibal, Cäsar, Scipio und Pompejus. Zur kronprinzlichen Ausstattung des Saales gehörten bereits die von Georg Wenzeslaus von Knobelsdorff gemalten Bildnisse von König Friedrich Wilhelm I. und Königin Sophie Dorothea (um 1737).

Anstelle von vier Wohnräumen der Kronprinzessin entstand 1769 unter Leitung des Bauintendanten Carl Wilhelm Hennert nach einem nicht überlieferten Entwurf von Carl Gotthard Langhans der mit Gehängen von Muscheln und Korallen ausgestattete neue **Marmor- oder Muschelsaal** (**Raum 29**). Er ist ein außerordentlich frühes Zeugnis der Übergangsphase vom Rokoko zum Frühklassizismus in Brandenburg.

Die Konsoltische vor den verspiegelten Fensterpfeilern sowie der Kaminschirm sind ein seltenes Originalbeispiel für die ursprünglich reiche Möblierung der Wohnräume. Der Glasarmkronleuchter (vermutlich Zechliner Hütte, nach 1750) ist ein alternatives

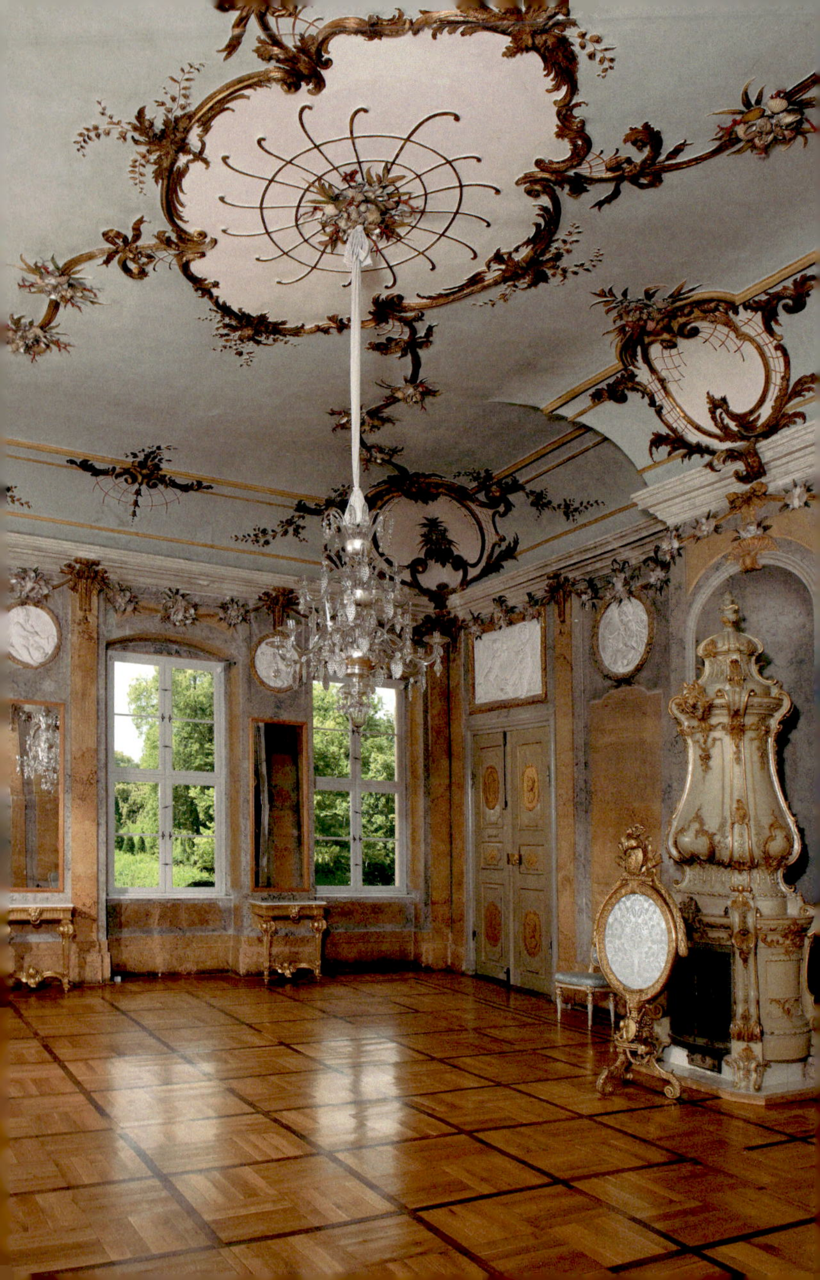

Ausstattungsstück für die im ganzen Schloss verloren gegangenen Leuchter.

Mit der Errichtung des südöstlichen Pavillonanbaus 1785 gewann Heinrich seinen nunmehr dritten **Bibliothek**sraum (**Raum 30**). Die bis dahin in neun Schränken untergebrachte Büchersammlung wuchs auf mehr als 5 000 Bände an. In Ergänzung zu Dichter- und Gelehrtenbildnissen sowie den Porträts an der Decke wurden auch Porträtbüsten von Jean-Antoine Houdon aufgestellt. Nach dem Tod des Prinzen sind die Bücher zusammen mit den zur Ausstattung gehörenden Kunstwerken sowie Mobiliar an die Königliche Bibliothek zu Berlin verkauft worden. Die 14 noch erhaltenen Porträtbilder sowie drei Porträtbüsten können seit 2006 als Leihgaben der Staatsbibliothek zu Berlin wieder hier gezeigt werden.

Die **Schlafkammer** (**Raum 31**) des Prinzen Heinrich entstand um 1786 durch die Zusammenlegung zweier kleinerer Kabinette aus kronprinzlicher Zeit. Bestimmend für den Raumeindruck ist die auffällige textile Wandbespannung aus einem Seidengewebe (Lampas) mit blauem Grund. In Gelb und Weiß sind Spitzenbänder, gefüllte Blumenvasen und Papageien eingewebt. Der klassizistische Charakter wird im Wesentlichen durch die Fassungen auf den beiden Deckenfeldern mit perspektivisch gemalter Kassettierung sowie durch die Groteskenmalerei auf der Boiserie in der vorderen Raumhälfte bestimmt. Die Ausführung, vermutlich von Bartolomeo Verona, erfolgte unter Verwendung von Kupferstichwerken mit Darstellungen aus dem antiken Herculaneum, die zum Bestand der prinzlichen Bibliothek gehörten.

Zusammen mit den anderen Paraderäumen entstand auch die **Lange Kammer** (**Raum 32**) erst infolge der umfangreichen Bauarbeiten nach 1786. Die ursprüngliche kronprinzliche Goldene Kammer erfuhr eine Erweiterung um eine Fensterachse nach Osten. Unter Verwendung der Boiserie des friderizianischen

Muschelsaal

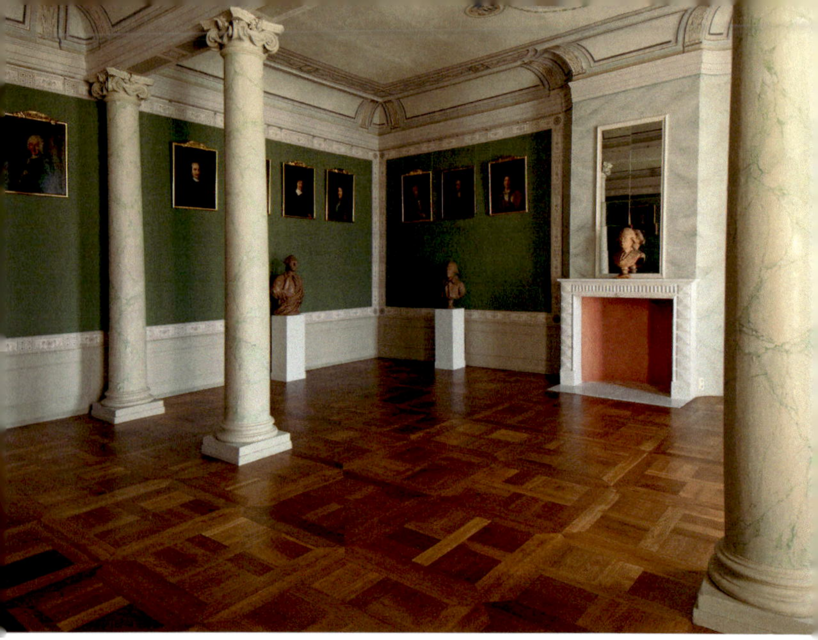

Bibliothek des Prinzen Heinrich

Wohnraumes sowie der drei bereits vorhandenen Supraporten mit den von Johann Carl Scheffler geschaffenen vergoldeten Puttenreliefs, ließ Heinrich auch hier einen Raum im frühklassizistischen Stil gestalten.

Anstelle des kronprinzlichen Schlafkabinetts ließ Prinz Heinrich nach 1763 das noch weitgehend in seiner originalen Ausstattung erhaltene **Schreibkabinett** (**Raum 33**) einrichten. Die Wandfelder schmückten sechs heute verschollene französische Gobelins aus der Pariser Savonnerie-Manufaktur, die Heinrich 1784 als Geschenk Ludwigs XVI. während seiner ersten Frankreichreise erhielt. Zur heutigen Ausstattung des Raumes zählt wieder das Porträt der Königin Sophie Dorothea, das Antoine Pesne am 8. November 1737 in Rheinsberg dem Kronprinzen überreichte. Das Gemälde mit der Ansicht Rheinsbergs von Georg Wenzeslaus von Knobelsdorff (um 1735)

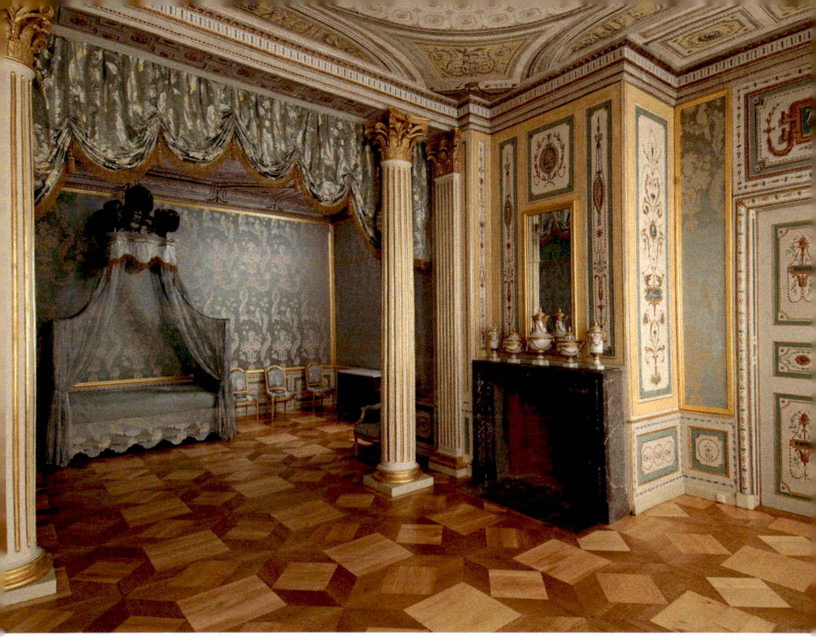

Paradeschlafkammer des Prinzen Heinrich

zeigt das Schloss noch vor seinem Umbau zur kronprinzlichen Residenz.

Mit der nach 1763 errichteten **Bildergalerie** (**Raum 34**) wurde der hier befindliche erste Festsaal aus kronprinzlicher Zeit aufgegeben. Aus dem ehemaligen Spiegelsaal der Kronprinzenwohnung wurde lediglich der von Georg Wenzeslaus von Knobelsdorff entworfene Kamin übernommen. Aus dieser Neugestaltung haben sich die Wandtäfelung und Teile des Tafelparketts erhalten. Von der Deckendekoration sind dagegen nur noch die Vorzeichnung des Stuckateurs und wenige Stuckfragmente erkennbar. 1802 zählte man allein in diesem Raum 50 Gemälde unter anderem von Antoine Pesne, von Nicolas Lancret sowie von Jean-Baptiste-Marie Pierre. Ankäufe und Dauerleihgaben führten wieder acht Gemälde aus der Sammlung des Prinzen Heinrich in den Bestand der Bildergalerie zurück.

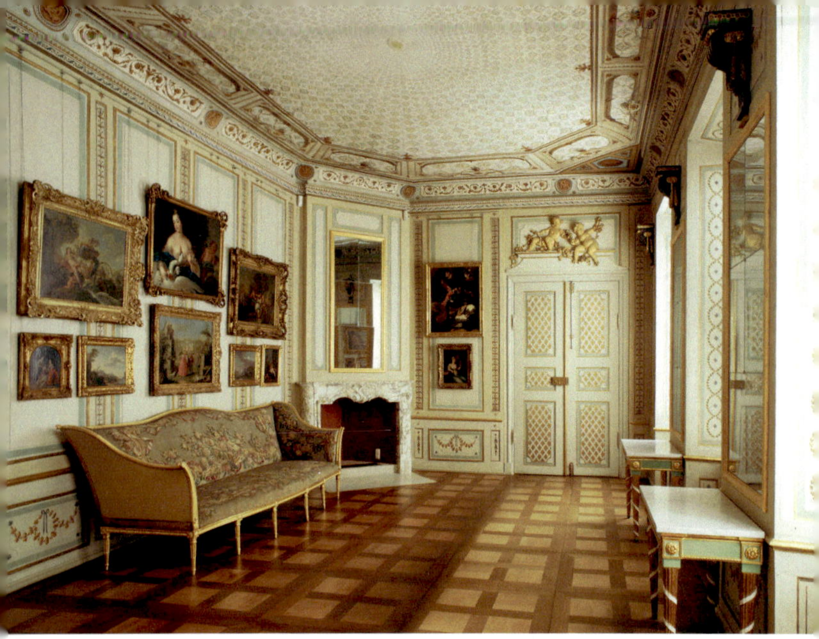

Lange Kammer

Das fensterlose **Entree** (**Raum 36**) entstand erst infolge der Einrichtung der Bildergalerie. Bei den restauratorischen Untersuchungen wurden Anfang der 1990er Jahre Fragmente der Erstfassung der Raumgestaltung aus der Zeit des Kronprinzen entdeckt. Über die ganze Breite des Klingenbergflügels ließ Friedrich vor seinem Turmkabinett einen großen Saal anlegen. Die Türgestaltung mit dem versilberten Rautenmuster sowie die silbrig-grauen Grisaillemalereien an den Wänden veranschaulichen die frühere Raumwirkung.

Das **Turmkabinett** (**Raum 35**) im Obergeschoss des alten, schon vorhandenen Klingenbergturmes hatte Friedrich als seine Bibliothek genutzt. Aus der kronprinzlichen Zeit sind das Deckenbild von Antoine Pesne *Minerva als Beschützerin von Wissenschaft und Kunst* sowie die vergoldeten Schnitzereien von Johann Carl Scheffler, Attribute der Künste und Wissenschaften, erhalten. Die kronprinzliche Bücher-

Turmkabinett, Bibliothek des Kronprinzen

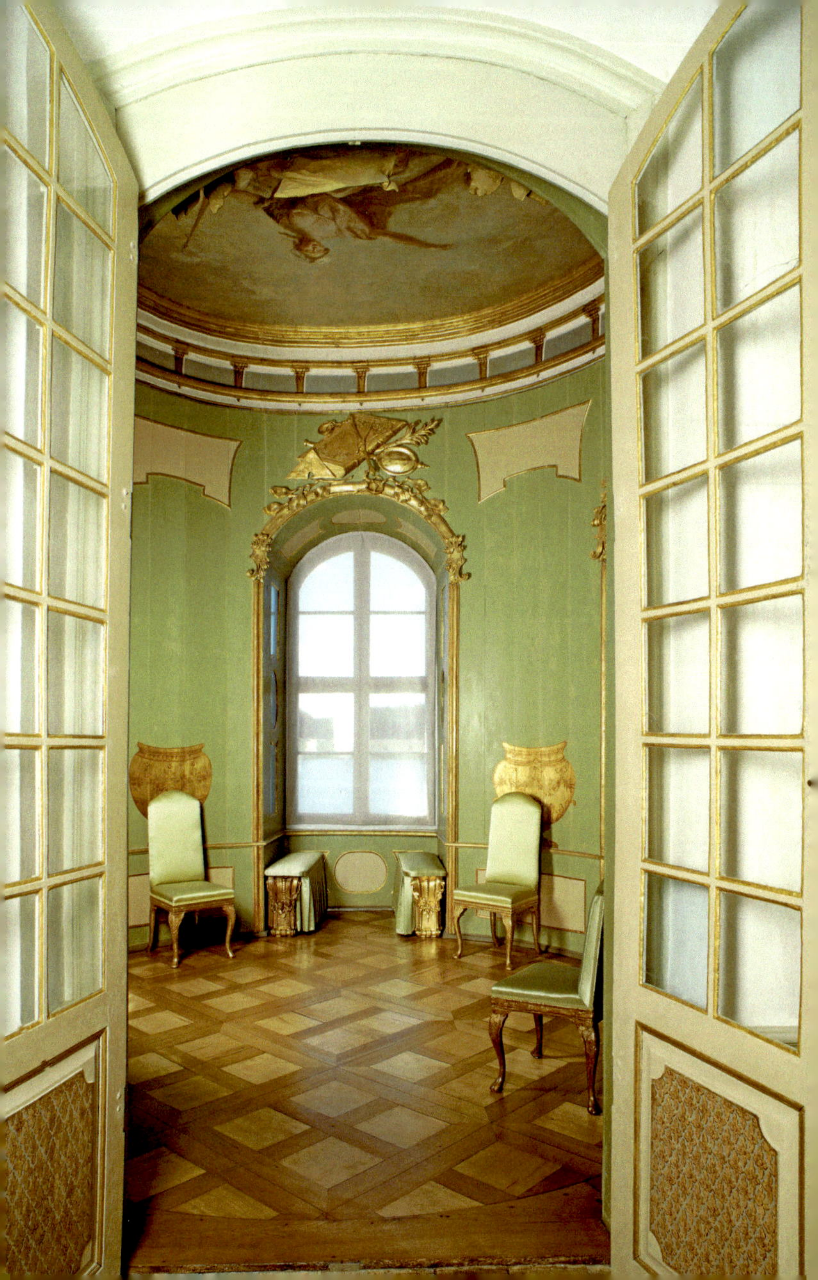

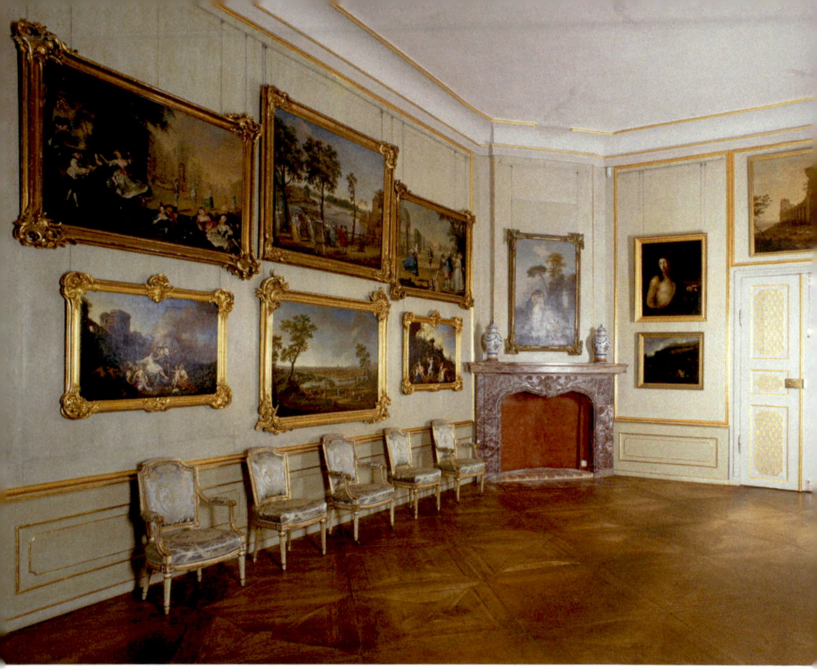

Bildergalerie

sammlung, vermutlich in Bücherschränken vor den Wänden aufgestellt, wurde 1747 nach Potsdam überführt, wo sich Friedrich II. nach dem Rheinsberger Vorbild wiederum die Bibliothek in einem Rundzimmer im Schloss Sanssouci einrichten ließ. Die heute in einer Wiederholungsfassung sichtbare Gestaltung wurde 1769 durch Prinz Heinrich veranlasst, zu der vermutlich auch die Fensternischensitzbänke (um 1766, eine Kopie von 2002) zählten.

ERDGESCHOSS

Der bereits im Inventar von 1742 als **Billardsaal** (**Raum 50**) bezeichnete Schlossraum verweist mit seiner gewölbten Decke noch auf den Vorgängerbau. Mittels der beiden verglasten Außentüren wird er auch optisch zum Bindeglied von Schloss und Garten. Mit dem Blick nach Süden erschließt sich dem Betrachter ein einzigartiges, von Knobelsdorff geschaffenes Gartenbild, das über die Billardbrücke in den barocken Hauptgang bis zum Gartenportal reicht, wobei das Motiv der Putti auf den Säulengruppen des Portals mit den beiden Puttenfiguren auf dem Kaminaufsatz im Saal korrespondiert.

Die beiden **Gewölbten Kammern** (**Räume 48 und 49**) ließ Prinz Heinrich 1771 von Friedrich Reclam illusionistisch ausmalen, der vermutlich die hier ver-wendeten Motive größtenteils als Skizzen von seinem mehrjährigen Studienaufenthalt in Rom mitbrachte.

Die Kammer neben dem Billardsaal täuscht eine Felsengrotte mit Ausblicken auf das Landschaftspanorama von Tivoli mit dem Vestatempel und der Grande Cascata (dem Großen Wasserfall) vor.

In der zweiten Kammer, einem nachempfundenen Antikengewölbe, sind ebenfalls Skulpturen und Reliefs berühmter antiker Kunstwerke als Trompe-l'œil (Augentäuschung) auf die Wände gemalt, wie beispielsweise die Venus Kallipygos links neben der Tür. Die Darstellungen sind in Temperatechnik auf Putz ausgeführt. Sie wurden zur Zeit der Sanatoriumsnutzung, in der diese Räume als Nassräume für physiotherapeutische Behandlungen dienten, mehrfach überstrichen und gingen im Grottenraum in größeren Wandpartien komplett verloren. Die erhaltenen Reste wurden bis 2004 restauriert.

Sommerwohnung des Prinzen Heinrich
(Räume 51–62)

In den Erdgeschossräumen befanden sich ursprünglich Appartements unter anderem für Mitglieder des kronprinzlichen Freundeskreises. Auch Heinrich

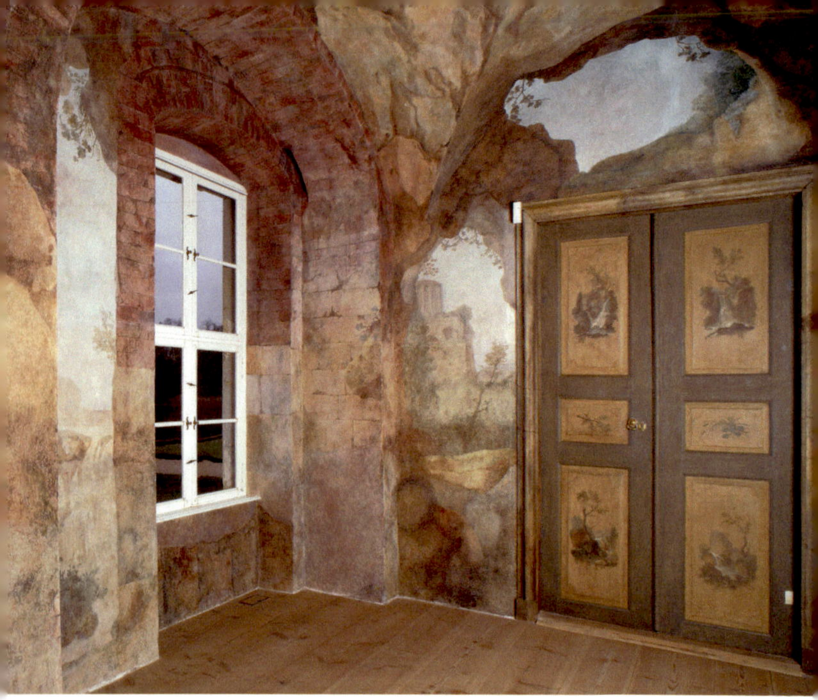

Gewölbte Kammer, Grottenraum

nutzte sie später als »Kammern für Fremde«, bis er schließlich ab 1785 hier seine privaten Wohnräume einrichten ließ.

Zur Sommerwohnung gehörten drei Räume mit chinoisen Dekorationen. Leider blieb nur in der **Chinesischen Kammer** (**Raum 51**) die originale chinesische Papiertapete aus dem 18. Jahrhundert erhalten. Sie zeigt verschiedene exotische Blütenbäume mit Vögeln und Insekten. Wenn auch die ursprüngliche Farbenpracht der Tapete im Laufe der Zeit verloren ging, so lässt sich doch der Raumeindruck des späten 18. Jahrhunderts nach aufwendiger Restaurierung der Tapete wieder erahnen.

Die in klassizistischen Zügen gestaltete **Weißlackierte Kammer** (**Raum 52**) entstand 1785 im Zusammenhang mit den pavillonartigen Erweiterungs-

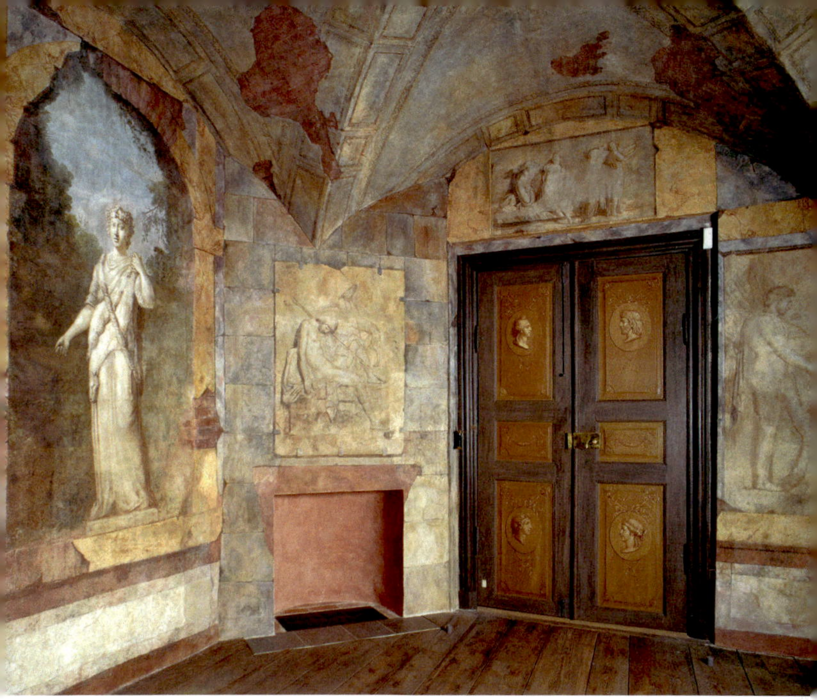

Gewölbte Kammer, Antikenraum

bauten. Die heute noch am Originalplatz vorhandene Wandtäfelung trägt auf der Rückseite eine chinoise Fassung. Die als nicht mehr zeitgemäß geltende Malerei wurde durch Wendung und Umbau der Boiserie 1785 zugunsten der nüchternen monochromen Wandgestaltung verdeckt.

Zur Originalausstattung des Raumes zählen die Stuckreliefs mit Szenen aus der antiken Mythologie und Geschichte, die beiden Porträtbüsten von Jean-Antoine Houdon, Louis Jules Mancini, Duc de Nivernais (um 1787) und Françoise Eléonore Comtesse de Sabran (um 1785), die gleichfalls auch in einem hier wieder befindlichen Gemälde von Elisabeth Vigée-Lebrun (1786) dargestellt ist, sowie die Büste der Königin Luise Ulrike von Schweden (1781/82) von Johann Tobias Sergel.

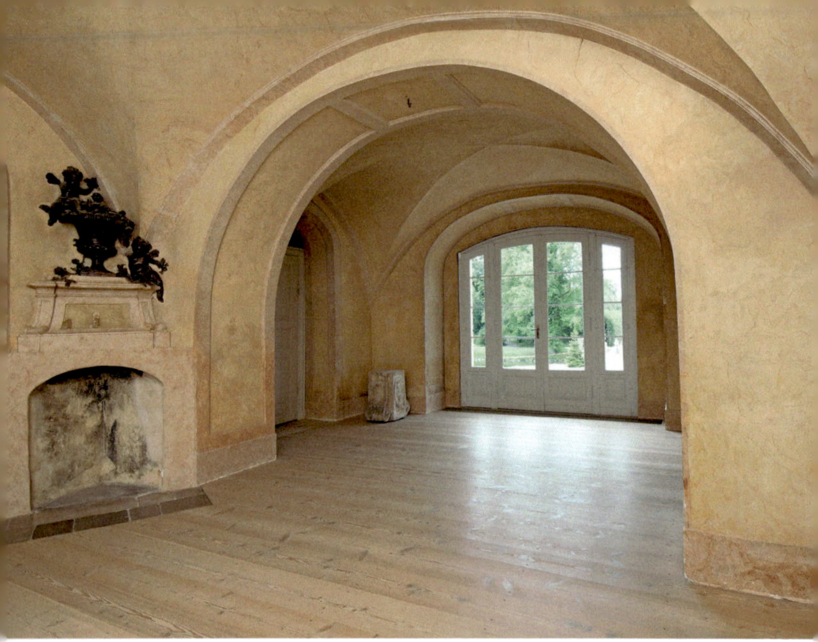

Billardsaal

Im 1785 angefügten Pavillon wurde ein **Galeriezimmer** (**Raum 53**) eingerichtet, das mit seiner weiß gestrichenen Boiserie ebenfalls eine nüchterne klassizistische Raumfassung aufwies. Durch bauliche Eingriffe nach 1950 wurde bis auf Teile der Decke die gesamte übrige Ausstattung zerstört. Mit einer musealen Präsentation wird auf das verloren gegangene Inventar des Berliner Palais des Prinzen Heinrich verwiesen.

Prinz Heinrich ließ in seiner neuen **Schreibkammer** (**Raum 54**), zu der vier Schreibmöbel gehörten, eine um 1788 importierte chinesische Medaillontapete anbringen, die in der Art von *print-room*-Tapeten gefertigt wurde. Die Deckenmalerei mit ihren beeindruckenden Farbübergängen, die als einziges originales Gestaltungselement unter den späteren Anstrichen teilweise erhalten blieb, nahm Bezug auf die floralen Rahmungen der Tapete, die nach 1945

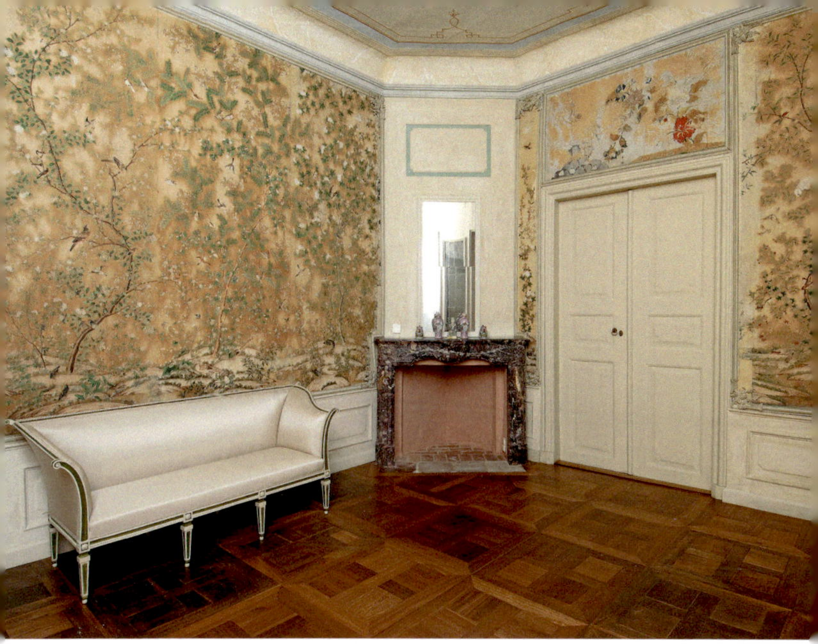

Sommerwohnung, Chinesische Kammer

aus dem Raum entfernt wurden. Bei der Wiederherstellung des Schlossraumes konnte nur der farbliche Grundton der Tapete rekonstruiert werden.

Hinter dem **Kabinett** (**Raum 55**) befand sich eine kleine Verbindungstreppe, die den direkten Zugang von der im Obergeschoss gelegenen Bibliothek in die Sommerwohnung ermöglichte. Dieser räumliche Zusammenhang zwischen der Büchersammlung und dem kleinen darunter liegenden Kabinett als Bindeglied zwischen den Repräsentationsräumen im Obergeschoss und dem privaten Wohnbereich des Prinzen erklärt die hier ehemals vorhandene Auswahl von 101 Bildern, die einem Gedächtnis- und Freundschaftstempel nahekommen. Allein 31 Bildnisse mit Theatersujets waren Ausdruck für die Theaterliebe des Prinzen. Unter ihnen hing auch das Gemälde von Nicolas Lancret *Die Tänzerin Maria Sallé* (1732), das 2001 mit Unterstützung der Kulturstiftung der Län-

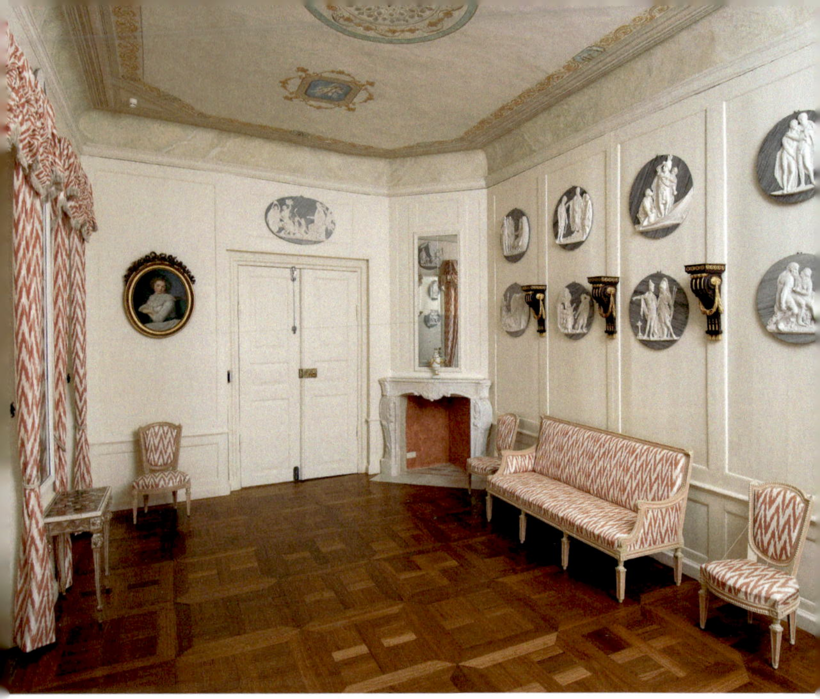

Sommerwohnung, Weiß lackierte Kammer

der, dem Ernst von Siemens-Kunstfonds sowie den Freunden der Preußischen Schlösser und Gärten e. V. zurückerworben werden konnte.

Vermutlich im Zuge der Neugestaltung der angrenzenden Räume ließ der Prinz auch seine **Schlafkammer** (**Raum 57**) um 1786 modernisieren, wobei er einen Kamin, der bereits nach einem Entwurf von Georg Wenzeslaus von Knobelsdorff um 1737 gefertigt wurde, übernahm. Ionische Pilaster und zwei hölzerne ionische Säulen trennen den Alkoven vom übrigen Zimmer. Die Deckenmalerei nimmt deutlich Bezug auf die Funktion des Raumes (Eule und Fledermaus als Tiere der Nacht im Mittelornament, Göttinnen mit Attributen wie Schlange oder Mohnkapseln als Hüterinnen von Gesundheit und Schlaf in den Eckmedaillons). Neben einer reichen Ausstattung mit Möbeln

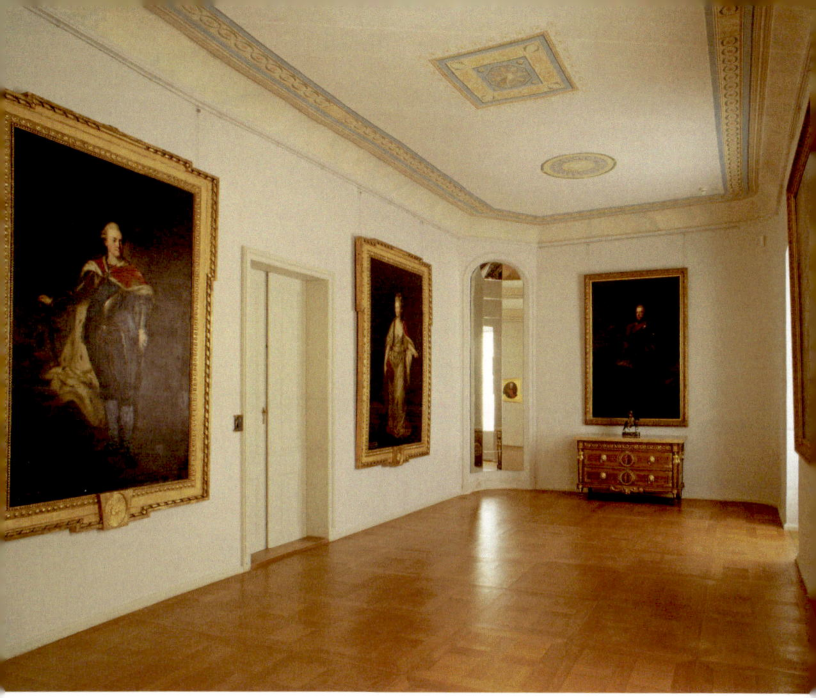

Sommerwohnung, Galerie

verzeichnet das Inventar von 1802 auch 42 Gemälde, wovon ein Großteil im 19. Jahrhundert versteigert wurde. Die beiden Supraporten eines unbekannten Malers ersetzen zwei Stillleben von Augustin Dubuisson, die erst 1945 verschwanden.

Prinz Heinrich verstarb am 3. August 1802 in diesem Raum.

Das Chinesische Kabinett (Raum 60) ließ Heinrich bereits um 1760 einrichten. Vermutlich wurde die chinesische Tapete mit den Blumen- und Vogelmotiven zusammen mit der Tapete für die Chinesische Kammer schon 1754 nach Deutschland importiert. Durch die gravierenden Umbauten im Zusammenhang mit der Einrichtung des Sanatoriums in den 1950er Jahren wurde die ursprüngliche Raumgestaltung bis auf wenige Details wie das Gesims vernichtet. Der Sand-

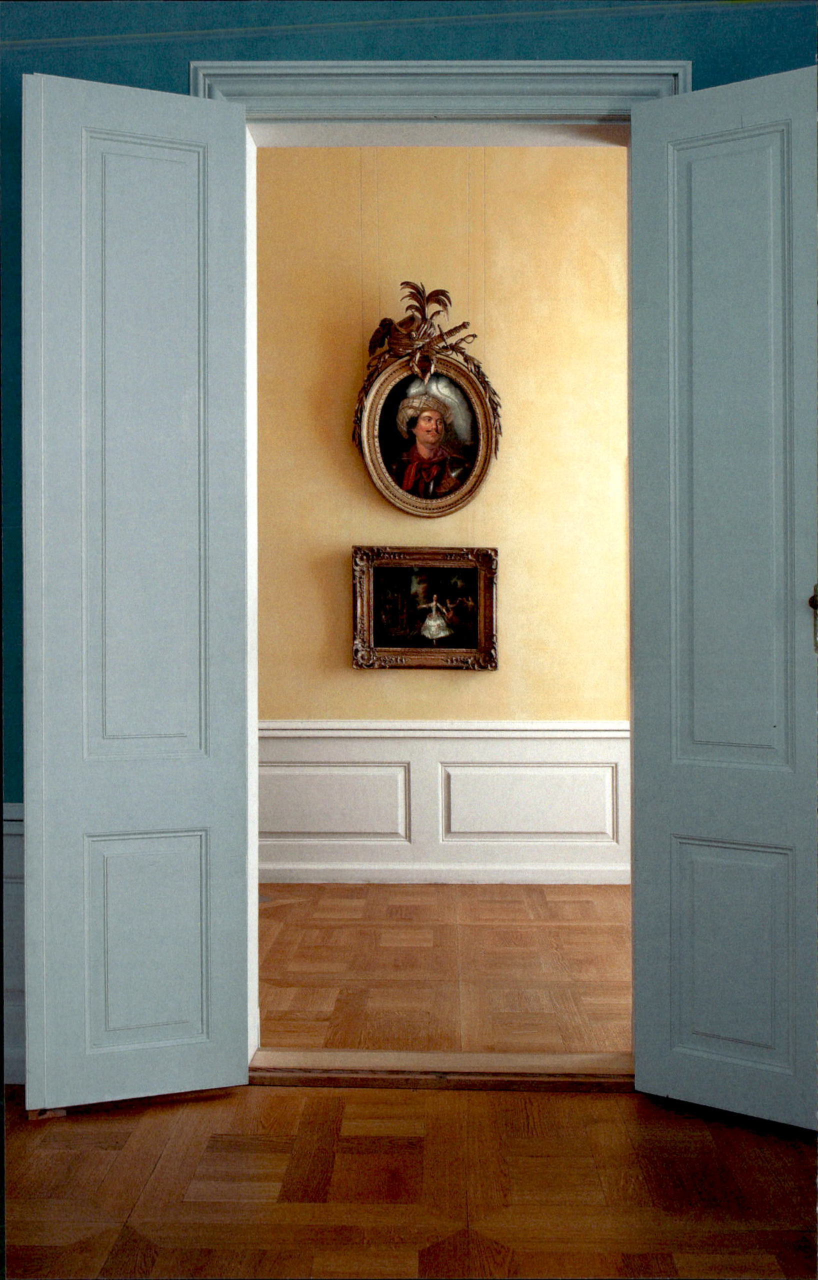

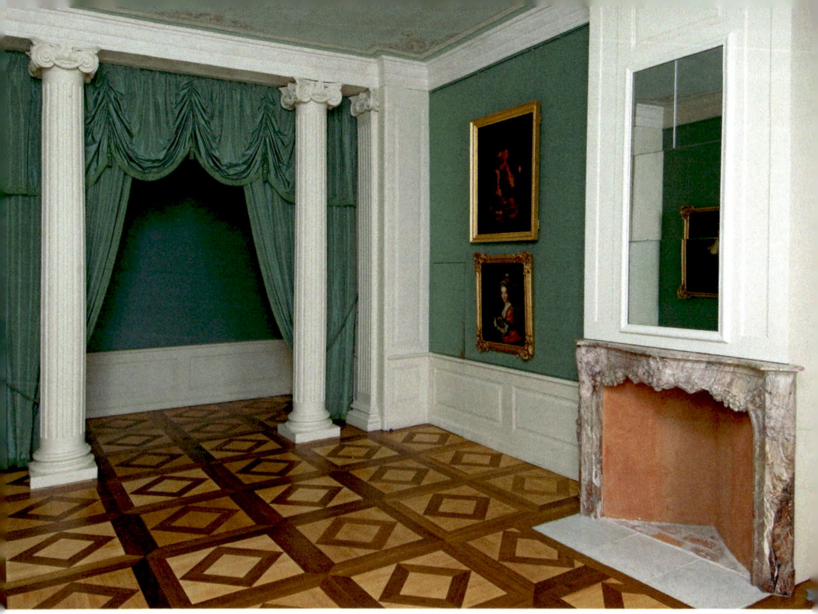

Sommerwohnung, Schlafkammer

Kabinett mit Nicolas Lancret, Die Tänzerin Maria Sallé, 1732

steinkamin, die chinesische Tapete sowie das mit Chinoiserien bemalte Paneel wurden entfernt. Nach 1945 konnten das Kaminstück mit der Darstellung eines Chinesenpaares und Teile des Rahmens nach Potsdam-Sanssouci gerettet werden. Die beiden bemalten Türblätter sind Anfang der 1990er Jahre in der Remise auf dem Hof des Kavalierhauses – genutzt als Kohlenverschlag – aufgefunden worden (bis 2002 restauriert).

Über die im Inventar von 1802 »mit alt grün Papier (tapeziert)« beschriebene Garderobe (Raum 62) gelangt der Besucher zur Schlossdurchfahrt. Eine Fotodokumentation von 1990 zeigt die Schlossräume während der Nutzung als Sanatorium.

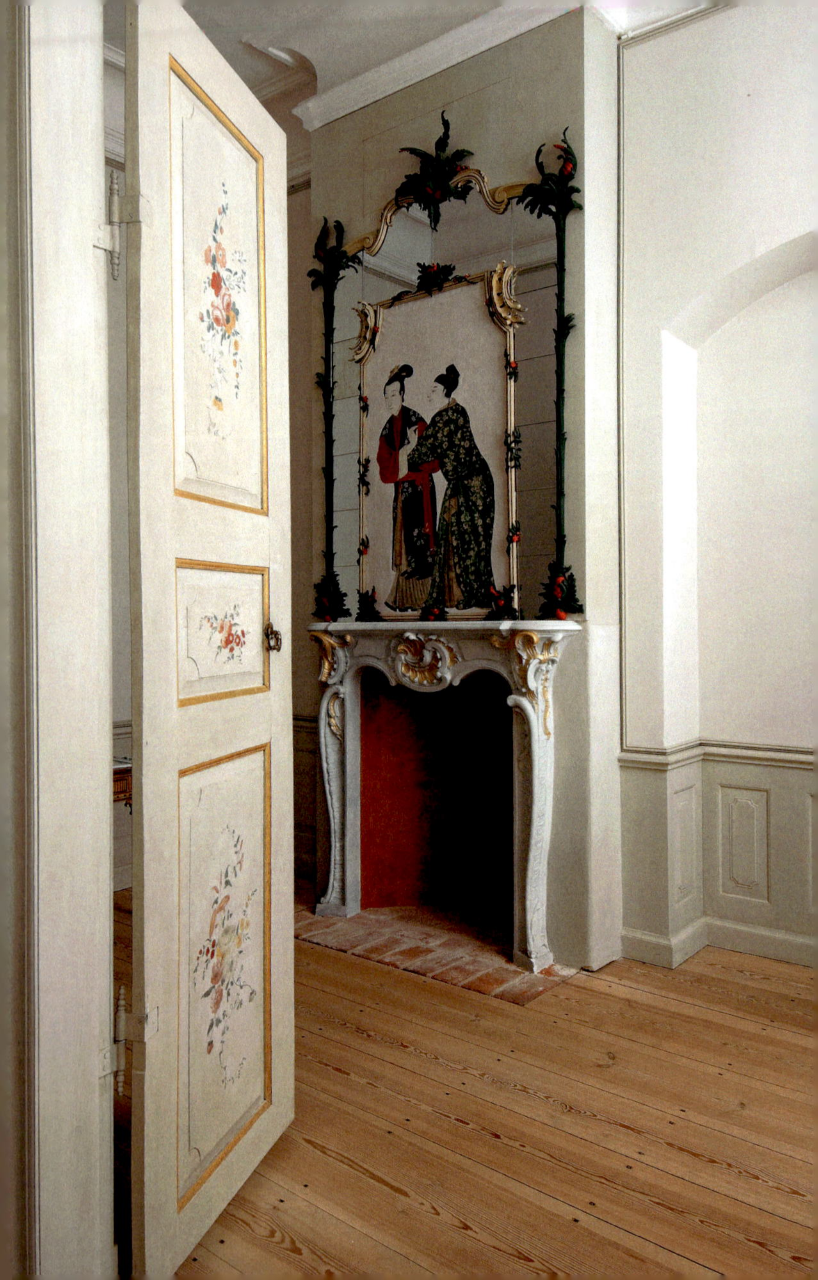

Schloss Rheinsberg
Mühlenstraße 1
D-16831 Rheinsberg

Kontakt

Stiftung Preußische Schlösser und Gärten
Berlin-Brandenburg
Besucherbetreuung Schloss Rheinsberg
Information
Mühlenstraße 1
16831 Rheinsberg
Tel: + 49 (0)33931.726-0
Fax: +49 (0)33931.726-26

Gruppenreservierungen

Tel: + 49 (0)33931.726-0
Fax: +49 (0)33931.726-26
E-Mail: h.heldt@spsg.de

Öffnungszeiten und Eintrittspreise

Das Schloss Rheinsberg ist dienstags bis sonntags geöffnet. Aktuelle Öffnungszeiten und Eintrittspreise finden Sie unter www.spsg.de

Über Gruppenpreise, Führungsangebote und Sonderveranstaltungen informiert gern die Besucherbetreuung im Schloss Rheinsberg.

Im Schloss hat auch das Kurt Tucholsky Literaturmuseum seinen Sitz. Die Besichtigung ist im Schloss-Eintritt enthalten. Zur Schlossanlage gehören das Kavalierhaus und der Marstall. Im Marstall, ursprünglich zur Unterbringung der Pferde errichtet, befindet sich der Service-Bereich mit Schlosskasse und Museums-

Sommerwohnung, Chinesisches Kabinett

shop. Das Kavalierhaus wird von der Musikakademie Rheinsberg GmbH genutzt. Im Schlosstheater Rheinsberg, dem historischen Spiegelsaal des Schlosses, im Schlosspark und auf dem Akademiehof bietet die Akademie regelmäßig Konzerte, Opern- und Ballettaufführungen sowie vielfältige weitere Veranstaltungen an.

Die Kammeroper Schloss Rheinsberg veranstaltet jedes Jahr von Ende Juni bis Mitte August das Internationale Festival junger Opernsänger mit unvergesslichen Opernabenden unter anderem im Schlosstheater, im Heckentheater des Schlossgartens oder auf dem Schlosshof Rheinsberg.

Verkehrsanbindung

von Berlin: mit dem Regionalexpress ab Berlin Hauptbahnnhof (Direktverbindung April bis Oktober bis Rheinsberg Bahnhof oder bis Neuruppin, dann Weiterfahrt mit dem Bus. Auskunft über www.Reiseauskunft.bahn.de

Mit dem Auto über die A 24 bis Ausfahrt Neuruppin, dann über die B 167 und B 122 nach Rheinsberg.

Hinweise für Besucher mit Handicap

Schloss Rheinsberg und das Kurt Tucholsky Literaturmuseum: barrierefrei

Schlosstheater im Kavalierhaus: barrierefrei

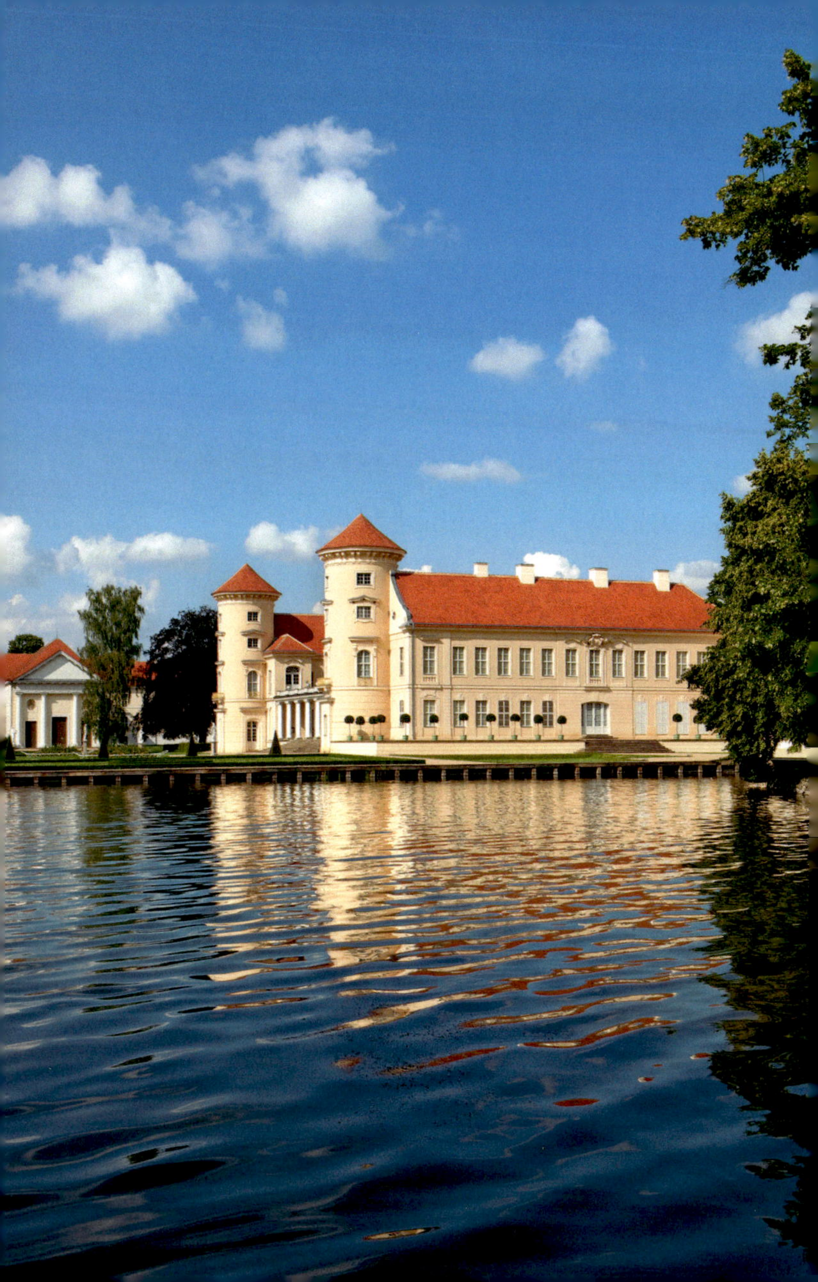

Impressum

Herausgegeben von der Stiftung Preußische Schlösser und Gärten Berlin-Brandenburg
Text: Claudia Sommer, Detlef Fuchs (Schloss); Michael Rohde (Garten)
Lektorat: Martin Steinbrück
Gestaltung: M&S Hawemann
Satz: Hendrik Bäßler
Herstellung: Jens Möbius
Koordination: Elvira Kühn
Fotos: Bildarchiv SPSG/Fotografen: Daniel Lindner, Roland Handrick, Wolfgang Pfauder, Leo Seidel

Die Deutsche Nationalbibliothek verzeichnet diese Publikation in der Deutschen Nationalbibliografie; detaillierte bibliografische Daten sind im Internet über http://dnb.d-nb.de abrufbar.

ISBN 978-3-422-04007-6